世界最速!? 1分 de 決算書「分

👉 決算書とは？

メインは**3つ**！

決算書（財務三表）
- 損益計算書（P/L） — 会社の「運動成績表」 1年間の会社の儲け（運動成果）がわかる！
- 貸借対照表（B/S） — 会社の「健康診断表」 会社の資産（体つき）とその内訳がわかる！
- キャッシュ・フロー計算書（C/S） — 会社の「血流検査表」 会社の現金の流れ（血流）や量がわかる！

👉 分析とは？

視点は**3つ**！

1 収益性をみる — 儲かっているか？

2 安全性をみる — ヤバくないか？

3 成長性をみる — 今後はどうか？

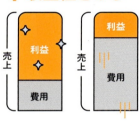
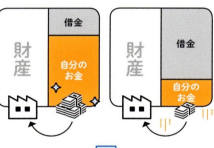
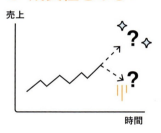

「収益性」分析のキホン

① 営業利益率をみる
（本業からしっかり利益が出ているかがわかる）

$$営業利益率（\%） = \frac{営業利益}{売上高} \times 100$$

② 総資産利益率（ROA）をみる
（資産を効率よく活かせているかがわかる）

$$総資産利益率（\%） = \frac{利益（当期純利益）}{資産} \times 100$$

③ 自己資本利益率（ROE）をみる
（株主にとって効率のいい会社かがわかる）

$$自己資本利益率（\%） = \frac{利益（当期純利益）[※]}{自己資本（純資産）[※]} \times 100$$

※厳密には、分母に「株主資本」、分子に「親会社帰属利益」

④ 変動費と固定費の割合をみる
（リスクとリターンの大きさがわかる）

変動費が大きいほどリスクとリターンは小
固定費が大きいほどリスクとリターンは大

こんな時は「ココ」をみる!

Q.6 その他 給与や人件費に対する会社の考え方を知りたい

決算書のココをみる!

有価証券報告書の中の「販管費明細」などに記載されている「従業員給付費用（人件費）」や、「従業員の状況」にある「平均給与」などを確認する。また、売上や売上総利益に対する人件費の割合を分析する。

有価証券報告書
- 従業員給付費用
- 平均給与

P/L
- 売上
- 売上総利益

比率分析

有価証券報告書
- 人件費

Q.7 安全性 もっと深く倒産リスクを調べたい

決算書のココをみる!

決算短信や有価証券報告書の「注記」をみて、事業の継続を危険にさらす要因が書かれていないか確認。また、格付け会社が発表する「格付け」も参考にする。

決算短信など
- 事業の継続に関する注記

格付け会社の発表資料
- 当該企業の格付けランク

Q.8 成長性 企業買収したみたいだけど、どのくらい大きくなった?

決算書のココをみる!

過去の貸借対照表（5〜10年分）をみて、総資産額の推移を時系列分析する。また、資産のうち、「のれん」の金額に注目。

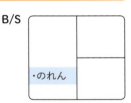

B/S '19 '20 2021
- 総資産
5〜10年分

B/S
- のれん

Q.9 安全性 たくさん借入（借金）をして、大丈夫?

決算書のココをみる!

借入自体は悪いことではない。キャッシュ・フロー計算書を確認して、血流に問題がないか調べる。また、損益計算書の営業利益などから、インタレスト・カバレッジ・レシオをチェック。

C/S
- 営業CF は＋or－?
- 投資CF は＋or－?
- 財務CF は＋or－?

P/L
- 営業利益
- 支払利息

Q.10 その他 そもそもこの会社、どんな事業をしてるの? 戦略は?

決算書のココをみる!

「事業の内容」は有価証券報告書でわかる。また、国（地域）別の収益や、製品別の収益の状況は、「セグメント情報」を確認する。「企業の戦略や方向性」は決算説明資料でわかる。

有価証券報告書
- 事業の内容
- セグメント情報

決算説明資料
- 企業の戦略や方向性

100分でわかる! 決算書「分析」超入門2022

世界最速!? 1分de決算書

Q.1 収益性 最近話題のあの会社、実際に儲かってるの?

決算書のココをみる!

過去の損益計算書(5〜10年分)から、売上や営業利益(率)を時系列分析する。また、総資産・純資産と純利益を比べて、ROAやROEの水準も調べる。新興企業で過去データが少ない場合は目論見書をチェック。

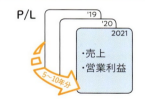

※厳密には純資産の中の株主資本額

Q.2 安全性 ヤバそう(倒産しそう)な会社かどうか知りたい

決算書のココをみる!

貸借対照表の「負債の部」と「純資産の部」のバランスや、自己資本比率を確認。また、キャッシュ・フロー計算書の「財務CF」をみて、借入金の状況をチェック(→Q.9も確認!)。

Q.3 成長性 今後、さらに大きく成長する可能性はある?

決算書のココをみる!

過去の損益計算書(5〜10年分)をみて、売上と利益の増加率を確認。また、貸借対照表(5〜10年分)で、総資産がどれほど増加しているのかも確認する。

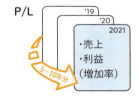
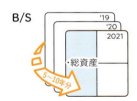

Q.4 収益性 ライバルと比べ、なぜあの会社は利益が減ったの?

決算書のココをみる!

両社の損益計算書の「原価」「販管費」を比較して、売上に占める人件費や物件費の割合を調べる。また、費用を「変動費」と「固定費」に分解して、割合の大きさを分析する。

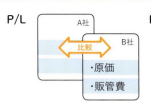

Q.5 その他 世界で通用する会社かどうか知りたい

決算書のココをみる!

決算短信や有価証券報告書に記載されている「セグメント情報」を確認する。また、国内と海外の売上、利益を確認し、比率分析を行う。

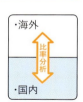

「分析」シート

まずはコレだけ！ 本書を読み終えたあとに復習としても使える便利なシート

「安全性」分析のキホン

① 自己資本比率をみる
（自分のお金と借金のバランスがわかる）

自己資本比率（％） 　高い方が安全

$$\text{自己資本比率} = \frac{\text{自己資本}}{\text{総資本}\,(\text{自己資本}+\text{他人資本})} \times 100$$

② 流動比率と固定比率をみる
（資金繰りに問題がないかがわかる）

流動比率（％）　高い方が安全

$$\text{流動比率} = \frac{\text{流動資産}}{\text{流動負債}} \times 100$$

固定比率（％）　低い方が安全

$$\text{固定比率} = \frac{\text{固定資産}}{\text{純資産}} \times 100$$

③ インタレスト・カバレッジ・レシオと債務償還年数をみる
（金利の支払い能力や、借金の返済能力がわかる）

インタレスト・カバレッジ・レシオ（倍）　高い方が安全

$$\text{インタレスト・カバレッジ・レシオ} = \frac{\text{営業利益}+\text{金融収益}}{\text{支払利息}}$$

債務償還年数（年）　低い方が安全

$$\text{債務償還年数} = \frac{\text{純有利子負債}}{\text{営業キャッシュ・フロー}}$$

④ キャッシュ・フローのパターンをみる
（営業CF→現金を生み出せているかがわかる
投資CF→投資しているかがわかる
財務CF→借金を返せているかがわかる）

営業キャッシュ・フローは ＋ or − ？
投資キャッシュ・フローは ＋ or − ？
財務キャッシュ・フローは ＋ or − ？

⑤ 運転資金を確認
（事業の継続に必要なお金が十分にあるかがわかる）

運転資金 ＝ 売掛金 ＋ 棚卸資産 − 買掛金

製造業で日商の60〜70日分、非製造業で日商の30日分の運転資金があれば、ひとまず安全。

「成長性」分析のキホン

① 売上高増加率をみる
（昨年よりも売上がどれくらい増えているかがわかる）

$$\text{売上高増加率(\%)} = \frac{\text{当期売上高}-\text{前期売上高}}{\text{前期売上高}} \times 100$$

② 資産とROAの変化をみる
（会社の規模の成長にともなって利益も増えているかがわかる）

	1年目	2年目	3年目
資産額			
ROA	5％	5％	5.5％

ROAの数値が変わらない、または増加していれば、資産の増加にあわせて利益も増加していることがわかる！

100分でわかる！決算書「分析」超入門2022

100分でわかる！
決算書「分析」超入門

グロービス経営大学院　ファイナンス教授
佐伯良隆　Saeki Yoshitaka

2022

How To Read Financial Statements 2022 Edition　朝日新聞出版

はじめに

"超速"で決算書が

人の体に例える「最強・佐伯メソッド」で、驚くほどわかりやすい

　これから決算書の読み方を学ぼうと思われている方も、何度かチャレンジして途中で投げ出してしまった方も、最初にひとつだけ伝えておきたいことがあります。

　それは「決算書は、その気になれば、誰でも知識ゼロから1日で読めるようになる」ということです。

「信じられない」と思われるかもしれません。確かに決算書をみてみると、「営業利益」「流動資産」「財務活動によるキャッシュ・フロー」など、難しそうな単語や細かな数値がズラリと並んでいて、みるだけで読む気が失せてしまいそうです。

　でも、それは"見かけ"だけの話。要点がわかれば、意外なほどシンプルで、ものの1時間で会社の業績を分析することも決して不可能ではないのです。

　そう、大切なのは、細かな用語を覚えることではなく、本質を理解すること。そこで本書では、決算書の特徴や会社の状態を「人の体」に例えて説明しています。例えば、「自己資本比率が低下し、営業キャッシュ・フローがマイナスの状態」という説明も、「体を支える骨格が細り、体から出血している状態」と説明されれば、会社が今、どれほど危険な状態にあるか、直感的に理解できますよね。

　本書では、私がハーバードの経営大学院で学び、銀行員、そしてファンドマネジャーとして長年培ってきたノウハウを「佐伯メソッド」として、わかりやすくお伝えします。

たったの96ページ!? 本当に読むべきポイントだけをまとめました

　決算書分析が難解なもうひとつの理由は、「情報量が多すぎる」ということです。

　会計や決算書の解説本は、これまでにも数多く出版されていますが、その多くが細かい定義や会計のルールの説明に終始しており、初心者にとってはハードルの高いものとなっています。

　しかし会計士や経理に携わる方以外、すべて覚える必要などありません。それよりも知りたい情報だけを、素早く的確に読み解けるようになることが大切です。

読めるようになる！

　本書では、"決算書を分析することでビジネスに役立てたい"というニーズに応え、**本当に必要な部分だけを、徹底的にわかりやすく、かつ幅広くまとめています。**

　項目ごとに、いちばん押さえておきたいポイントを「ズバリ要点！」として一言で表示。また、最初に知っておくと理解が早まる知識を「まずはコレだけ！」として短くまとめています。さらに、「3つの視点」と「4つの分析方法」を伝授することで、数値から会社の置かれた状況を読み解く"ものの見方"も養えるようにしました。そのうえで、基本〜分析編は100ページ以内におさめました。

映画1本、飲み会1回の時間で、決算書が読めるように

　本書は、①超入門・基礎編（緑のページ）→②分析編（青のページ）→③実践編（赤のページ）と、3部の構成になっています。

---

①超入門・基礎編（1〜2章）……財務三表の仕組みと要点をラクラク攻略！
②分析編（3〜5章）……会社の「収益性」「安全性」「成長性」を鋭く分析！
③実践編（6章）……話題となった会社の、最新の決算書をプロ目線で解説！

---

　①超入門・基礎編は、**決算書の仕組みや要点を最短・最速で解説。** 続く②分析編では、**学んだ知識を使って決算書分析の"予行練習"まで**できるようになっています。最後の③実践編では、これまで身につけた視点や手法を実際に応用して、最新の企業分析を行います。単調な解説ではなく、**決算書の数字をイラスト化し視覚的にわかるようにしたり、"会社のストーリー"が浮かび上がるような分析**を心がけました。また、付録として「**1分 de 決算書分析シート**」を、さらにグローバル企業を中心に採用が広がっている「**IFRS（国際財務報告基準）**」の解説も収録。

　超入門から実践まで、人によっては、映画1本分（100分）くらいで決算書分析の大枠をつかめるはずです。まさに"超速"で最後まで一気に駆け抜けます。

　この本を読み終わった後、皆さんに「決算書って、こんなに楽しく簡単に読めるんだ！」と感じていただければ、これほどの喜びはありません。

佐伯良隆

100分でわかる！

決算書「分析」超入門2022
CONTENTS

はじめに ……… 2

第1章 [超入門] たった12ページでわかる決算書の仕組み

01 決算書って何？ 何が書かれている？
決算書に書かれていることは大きく2つだけ！ ……… 10

02 決算書は「誰が」「何のために」「どこで」読む？
そもそも、なぜ決算書が必要？ ……… 12

03 まずはイメージをつかもう①
決算書の基本は3つだけ！ ①「損益計算書(P/L)」 ……… 14

04 まずはイメージをつかもう②
決算書の基本は3つだけ！ ②「貸借対照表(B/S)」 ……… 16

05 まずはイメージをつかもう③
決算書の基本は3つだけ！ ③「キャッシュ・フロー計算書(C/S)」 ……… 18

06 「分析」のキホン
3つの視点で財務三表(P/L、B/S、C/S)をみる ……… 20

課外Lesson 知っておきたい会計知識①
「連結決算」とは何か？ ……… 22

第2章 基礎 超速！30分でわかる財務三表の読み方

01 超速！ 損益計算書（P／L）の仕組み
これが実際の損益計算書！ …… 24

02 損益計算書の基礎知識
損益計算書（P／L）を読み解くコツを速攻で習得！ …… 26

　①売上総利益（粗利）…… 27
　②営業利益 …… 28
　③経常利益 …… 30
　④税引前当期純利益 …… 31
　⑤当期純利益 …… 31

03 超速！ 貸借対照表（B／S）の仕組み
これが実際の貸借対照表！ …… 32

04 貸借対照表の基礎知識
貸借対照表（B／S）を読み解くコツを速攻で習得！ …… 34

　①資産の部 流動資産 …… 36
　②資産の部 固定資産 …… 37
　③負債の部 流動負債 …… 38
　④負債の部 固定負債 …… 38
　⑤純資産の部 純資産 …… 39

05 超速！ キャッシュ・フロー計算書（C／S）の仕組み
これが実際のキャッシュ・フロー計算書！ …… 40

06 キャッシュ・フロー計算書の基礎知識
キャッシュ・フロー計算書（C／S）を読み解くコツを速攻で習得！ …… 42

　①営業キャッシュ・フロー …… 43
　②投資キャッシュ・フロー …… 44
　③財務キャッシュ・フロー …… 45

07 財務三表のつながりを理解しよう
３つの表の関係が一瞬でわかる …… 46

課外Lesson 知っておきたい会計知識②
外国企業の決算書にチャレンジ！ …… 48

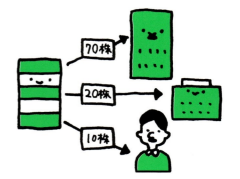

第3章 会社の「収益性」はココをみる

分析（収益性）

- **01** 決算書分析って、どうやればいいの？
  決算書を読み解く4つの分析方法をマスター！ …… 50

- **02** 会社の「収益性」は、どうやってわかる？①
  収益性の分析① **「売上高利益率」をみる！** …… 52
  - ①売上総利益率（粗利率）…… 54
  - ②営業利益率 …… 55
  - ③経常利益率＆当期純利益率 …… 56

- **03** 会社の「収益性」は、どうやってわかる？②
  収益性の分析② **「総資産利益率(ROA)」をみる！** …… 58

- **04** 会社の「収益性」は、どうやってわかる？③
  収益性の分析③ **「自己資本利益率(ROE)」をみる！** …… 62

- **05** 会社の「収益性」は、どうやってわかる？④
  収益性の分析④ **「利益変動」と「損益分岐」を知る！** …… 66

課外Lesson 知っておきたい会計知識③
株価からみえる会社の評価 …… 68

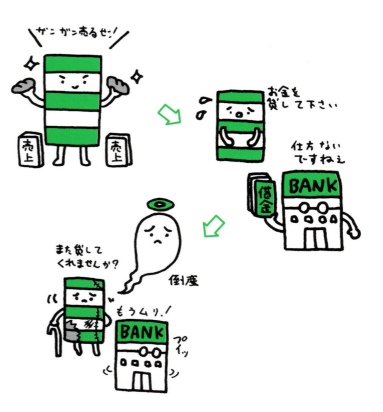

第4章 会社の「安全性」はココをみる

- **01** なんで会社はつぶれるの？
  会社が倒産する理由を知ろう 70
- **02** 会社の「安全性」は、どうやってわかる？①
  安全性の分析① B／Sの「上下」のバランスをみる！ 72
- **03** 会社の「安全性」は、どうやってわかる？②
  安全性の分析② B／Sの「左右」のバランスをみる！ 74
- **04** 会社の「安全性」は、どうやってわかる？③
  安全性の分析③ 財務三表の組み合わせでみる 76
- **05** 会社の「安全性」は、どうやってわかる？④
  安全性の分析④ 現金（キャッシュ）の流れを確認！ 78
- **06** 会社の「安全性」は、どうやってわかる？⑤
  安全性の分析⑤ 「運転資金」を正しく理解しよう 80

課外Lesson 知っておきたい会計知識④
IFRS（国際財務報告基準）のしくみを知ろう[前編] 84

第5章 会社の「成長性」はココをみる

- **01** どうやって会社は成長するの？
  会社の成長が、ホンモノかどうか見抜くには？ 86
- **02** 会社の「成長性」は、どうやってわかる？①
  成長性の分析① 売上と利益の成長度合いに注目！ 88
- **03** 会社の「成長性」は、どうやってわかる？②
  成長性の分析② 資産の成長度合いに注目！ 90

課外Lesson 知っておきたい会計知識⑤
IFRS（国際財務報告基準）のしくみを知ろう[後編] 96

第6章 実践 話題の会社の決算書を読もう

新型コロナ、実際の影響は!?

実践に入る前に どんな手順で決算書を読めばいい？
決算数字に隠された「ストーリー」を読み解こう！ ……98

実践01 今、最も注目されるカリスマ経営者の手腕はいかに？
テスラの決算書を読む ……104

実践02 創業以来最大の赤字から一転、史上最高益達成へ！
ソフトバンクG（グループ）の決算書を読む ……110

実践03 新型コロナワクチンを開発した世界的製薬会社
ファイザーの決算書を読む ……118

実践04 コロナ禍でも過去最高益を達成、その原動力は？
日立製作所の決算書を読む ……122

実践05 度重なる緊急事態宣言のダメージは？
JR東日本（東日本旅客鉄道）の決算書を読む ……128

実践06 投資ブームで注目される証券会社の実績はいかに？
マネックスG（グループ）の決算書を読む ……132

実践07 逆風吹きすさぶ外食業に活路はあるか？
コロワイドの決算書を読む ……138

INDEX ……142

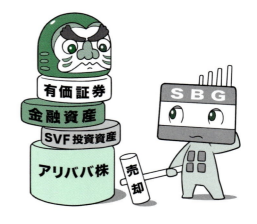

装丁	大下賢一郎
本文デザイン・DTP	小林祐司
イラスト	加納徳博（1〜5章）／大河原一樹（6章）
校正	くすのき舎
編集・執筆協力	澤田 憲
企画・編集	高橋和記＋宮崎香菜（朝日新聞出版）

超入門

第1章

たった12ページでわかる決算書の仕組み

超入門 01 決算書って何？ 何が書かれている？

決算書に書かれていることは大きく2つだけ！

決算書には、会社の「成績」と「健康状態」が書かれている！

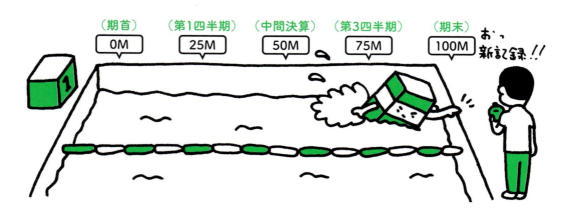

決算書は会社の「成績表」！
決算書を読めば、その会社が1年間に、どのような活動をして、どんな結果を出したかがわかる。

決算書は会社の「健康診断書」！
外見は健康的でも内臓が弱っている人がいるように、会社も表向きは立派でも赤字の場合がある。決算書をみれば、本当に健全な経営ができているか、「中身の状態」がわかる。

10

会社が1年間に行った活動の"成果"がわかる！

決算書は、**会社の"ありのままの姿"が書かれた情報の宝庫**です。決算書が読めると、例えばこんなこともわかります。

「CMをよく見かける大企業だけれど、数年後には倒産の可能性がある……」

「まだ無名の企業だけど、1年前に比べて3倍以上に成長している！」

このように決算書は、イメージや規模、自分の主観などに惑わされずに、書かれた数字から**会社の真価を見極めて客観的に知ることのできる最強のツール**なのです。

決算書には、大きく2つの役割があります。そのひとつが、**1年間の「成績表」**です。

そもそも**決算**とは、「ある期間に得た儲けや財産を計算して決定すること」をいいます。この"ある期間"を**決算期**といい、その初日を**期首**、最終日を**期末**といいます。

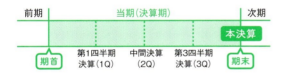

決算期は会社により異なりますが、日本の企業の多くは4月1日から3月31日までを1年間の区切りとしています。

決算書をみれば、この**決算期（1年間）に、その会社が「どんな事業で」「どれだけ成果（儲け）をあげたのか」**がわかるのです。

会社が好調か、不調か、"健康状態"がわかる！

さらに決算書には、**会社の「健康診断書」**というもうひとつの大きな役割があります。

例えばニュースなどで、突然有名人の訃報が伝えられ「あんなに元気そうだった人が、なぜ……」と、驚かれたことはありませんか？

会社もこれと同じで、見かけは大きくて頑丈そうでも、じつは体の中では内臓から血が出ていた（売上が落ちて赤字になっていた）り、骨がやせ細っていた（多額の借金があった）りすることがあるのです。これは決算書をみなければわかりません。

逆にいえば、決算書をみれば、**外側からはわからない会社の"体の中の状態"まで、かなり正確に知ることができます。**

ただし、ただ単純に「営業利益」「流動負債」といった決算書に書かれた用語を覚えるだけでは、会社の健康を脅かすリスク因子を見つけることはできません。仮に利益が伸びていても、裏では資金繰りが苦しくなっていてピンチ……、なんてこともあります。

つまり、売上や利益などの表面上の数字だけではなく、それを**ほかの要素と組み合わせて自分なりに考える（分析する）視点をもつことが大切**なのです。

何だか難しそうに聞こえますが、大丈夫。次のページから一歩ずつステップアップしてコツをつかめば、最後には必ず読み解けます。

---

①決算書は、会社の「成績表」と「健康診断書」
②1年間に、どんな活動をして、どれだけ儲けたのかがわかる
③外側からはみえない、会社内部の健康状態までわかる

超入門 02 決算書は「誰が」「何のために」「どこで」読む？

そもそも、なぜ決算書が必要？

会社には、さまざまな「ステークホルダー（利害関係者）」がいる！

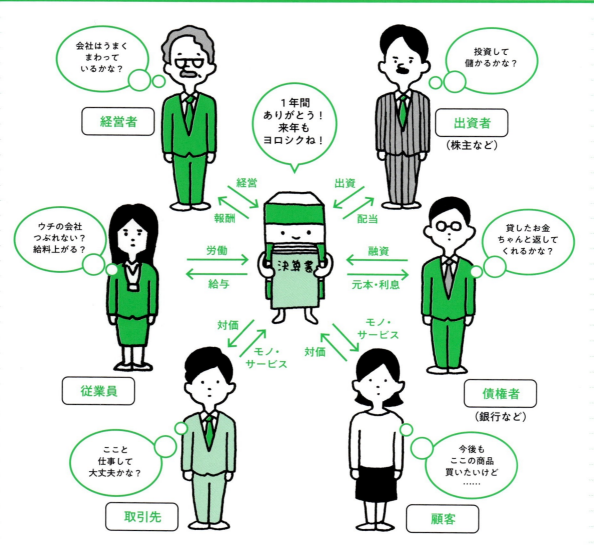

正しく情報を報告して、会社を信頼してもらう

会社は、さまざまな利害関係をもつ人たちによって成り立っている。そのため会社には、毎年決算書というかたちで、利害関係者に対して経営状態を正しく報告する義務がある。

ステークホルダーにとって必要不可欠な情報を伝える

そもそも決算書は誰が何のために利用するのでしょうか。それにはまず、会社にかかわるさまざまな「**ステークホルダー（利害関係者）**」の存在を知らなくてはなりません。

ステークホルダーとは、やさしくいうと、会社の経営活動によって利益を得たり、逆に損害を被ったりする人のこと。**経営者**や**従業員**だけでなく、**取引先**や**顧客**、**出資者**（**株主**など）や**債権者**（銀行など）も含まれます。

決算書が何のためにあるのかを知るには、彼らが何を求めているのかを理解する必要があります。

例えば、会社にお金を出している出資者（株主）は「この会社に投資して儲けられるか」を、銀行などの債権者は「この会社にお金を貸して返してもらえるか」を気にします。

また経営者は「会社の経営にムダがないか」、従業員は「自分の働く会社には将来性があるか」を知りたいでしょう。

さらに取引先や顧客にとっては、その会社の実態を知るために決算書が使えます。

一方で、会社は、これらのステークホルダーから信頼を得られなければ、人材やお金を集められず満足な経営ができません。そのため**経営状態を正確に報告する義務が会社にはある**のです。

誰だって、今にも倒産しそうな会社に就職したり、利益が出ているかわからない会社にお金を貸したり、投資しようとは思いませんよね。つまり決算書は、経営の健全性を数値で示し、**ステークホルダーから信頼や協力を得るための資料**でもあるのです。

+α 決算書は、どこで手に入る？

決算情報を得る方法は「決算短信」と「有価証券報告書」の2通りがあり、上場している会社なら、どちらもネットで簡単にみられる。まずは決算短信で会社の大まかな経営状況をつかむのが、決算書を読み解くコツだ。

◎決算短信（単に「短信」とも）

そのものズバリ決算の要点を短くまとめたもの。年1回の本決算時だけでなく、四半期（3か月）ごとに公開されるため、会社の経営状態をタイムリーに知れるのがメリット。また冒頭に重要な数字がまとめられているので、わかりやすいのが特徴だ。

各社のウェブサイトにある「投資家向け（IR）情報」のページから閲覧できるほか、各証券取引所が提供している「適時開示情報閲覧サービス（TDnet）」からもみられる。

◎有価証券報告書

毎年、事業年度終了後から3か月以内（決算期が3月末の会社なら6月末まで）に公表される事業報告書。発表までに時間がかかるが、監査法人などの監査証明や財務局の審査を受けているため非常に信頼性が高いのが特徴。また、決算情報だけでなく、経費の明細や今後の課題、さらに役員報酬や従業員の給与などもまとめられているため、会社の実力を総合的な観点から評価できる。

金融庁が運営する「EDINET」からも閲覧可能。

超速！まとめ

①決算書はステークホルダーにとって重要な情報源
②「決算短信」は速報、「有価証券報告書」は確報
③まずは「決算短信」をチェック！

超入門 03　まずはイメージをつかもう①

決算書の基本は3つだけ！
①「損益計算書(P/L)」

ズバリ要点！　決算書の中身は「運動成績表」「健康診断表」「血流検査表」！

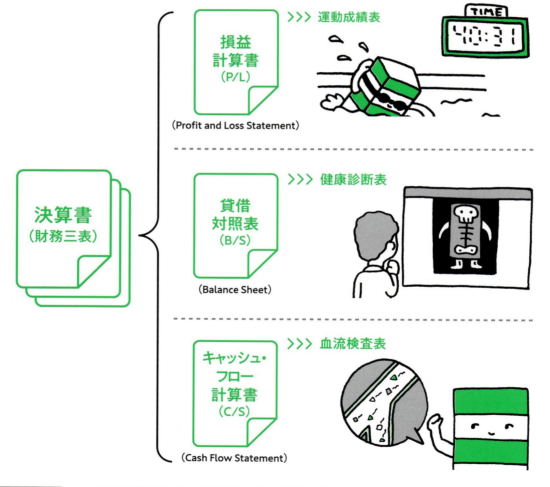

決算書（財務三表）
- 損益計算書（P/L）（Profit and Loss Statement） >>> 運動成績表
- 貸借対照表（B/S）（Balance Sheet） >>> 健康診断表
- キャッシュ・フロー計算書（C/S）（Cash Flow Statement） >>> 血流検査表

人に例えて、3つの表のイメージをつかむ

細かい説明よりも、まずはそれぞれの表のイメージをもつことが大切。会社を人に例えると、決算書は主に次の3つからなる。1年間の運動の成果をまとめた「損益計算書」、会社の体つきや健康状態を記した「貸借対照表」、血流（現金の流れ）が記された「キャッシュ・フロー計算書」だ。

3つの表さえ読めれば9割OK!

ここからは決算書の中身について、もう少し具体的にみていきましょう。

決算書は、正式には「財務諸表」と呼び、会社の経営成績や財務状態を示したいくつかの書類でできています。

諸表というからにはたくさんありそうですが、会計士などの専門家を除けば、重視すべきは3つだけ。それが、「損益計算書」「貸借対照表」「キャッシュ・フロー計算書」の3表です。この3つの表をまとめて、特に「財務三表」といいます※。

この財務三表を読みこなせば、会社の経営状態について知りたい情報を十分に得られます。

そして、**この3つの表を組み合わせて分析することで、会社の成績や健康状態を正確に把握できるようになる**のです。

単純明快!1年間の「儲け」がわかる「損益計算書」

ではそれぞれの表から、具体的にどんなことがわかるのでしょうか。さっそく1つ目の「損益計算書」をみてみましょう。

損益計算書には、「売上(=モノやサービスを売って得たお金)」から、「費用(=会社から出ていったお金)」を引いて、最終的に得た「利益(=儲け)」が書かれています。

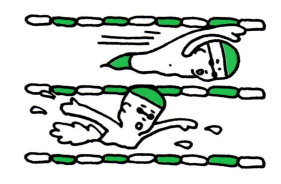

もっとわかりやすくするため、会社の経営活動を水泳に例えてみてみましょう。

例えば同じクロールで泳いでも、競泳の選手と素人ではスピードが全然違いますよね。

これは、競泳選手に比べて素人は、そもそも運動量が少なく、ムダな動きも多いからです。もし仮に同じだけ手足を動かしても(運動量が同じでも)、ムダな動きが多ければ最終的に進んだ距離には大きな差が生まれます。

これを会社の経営活動に置き換えると、次のような関係になります。

売上 − 費用 = 利益
[運動量]　[ムダな動き]　[進んだ距離・成果]

水泳の素人と同じで会社も、仮に売上(運動量)が多くても費用(ムダ)が増えれば、利益(成果)は小さくなってしまいます。

つまり損益計算書からは、1年間で得た儲けだけでなく、**利益を得るために会社がどれだけ動いているか、動きにムダはないか**といったことも読み取れるのです。

超速! まとめ

① 基本は「損益計算書」「貸借対照表」「キャッシュ・フロー計算書」だけ
② 損益計算書を読めば、会社の1年間の儲けがわかる
③ 損益計算書からは、会社の運動量やムダな動きの大小もわかる

※ 本書で「決算書」という場合は、主にこの財務三表を指します

まずはイメージをつかもう②

決算書の基本は3つだけ！
②「貸借対照表（B/S）」

「貸借対照表」で、会社の"体つき"と"健康状態"がわかる

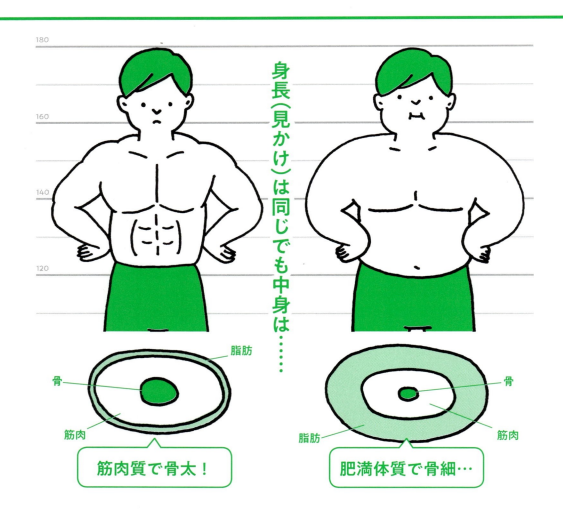

身長（見かけ）は同じでも中身は……

筋肉質で骨太！

肥満体質で骨細…

人も会社も、健康は"中身"をみるまでわからない

体の大きさが同じくらいでも、一方が筋肉質で骨太なのに対し、もう一方は内臓脂肪が多く骨も細いかもしれない。このように、損益計算書ではわからない会社の中身（筋肉や骨格）の状態を示したものが、貸借対照表だ。

会社の「財産」と「元手」を まとめた「貸借対照表」

2つ目の表は、「貸借対照表」です。

貸借対照表には、「**財産**（=現金や原材料、土地、建物などの資産額）」と、それらを入手するためにかかった「**元手**（=銀行からの借入金や資本金など）」が記されています。

さて、先ほど、損益計算書からは会社の運動量やムダな動き、運動の成果がわかると説明しました。これに対し、**貸借対照表からは、会社の体つき（財産）と、それを支える骨格（元手）がどうなっているか**がわかります。

例えば、同じ身長、同じ体重の2人の男性がいるとします。しかし中身をのぞいてみると、筋肉や脂肪の量、骨の太さがまったく違っているかもしれません（→左ページ）。

貸借対照表は、そんな外からはみえない会社の体の内部や健康状態をCTスキャンのように正確に教えてくれるものです。

2章で詳しく述べますが、実際の貸借対照表は、「**資産**」「**負債**」「**純資産**」の3つの項目で示されています。

資産とは、いわば会社の財産です。一方、**負債と純資産は、財産を手に入れるための元手にあたり、負債は銀行などに借りたお金、純資産は返さなくてよいお金**と大まかに言うことができます。

まずは、これらの関係をあらわした次の式だけ頭に入れておけばOKです。

このように貸借対照表は、**資産という体つき（筋肉や脂肪）を、負債や純資産という骨格が支えている構図**になっています。

P/LとB/Sを組み合わせてみると 事業の"効率性"がわかる

貸借対照表は、損益計算書とあわせて読めば、会社のもつ実力をさらに正確につかむことができます。詳しくは3～5章で解説するので、ここではさわりのみ紹介します。

例えば、競泳のタイム（成績）がまったく同じAとBがいるとします。一見、どちらも同じ実力に思えますが、Aが身長180cm体重80kgの立派な体格をした大人であるのに対し、Bが身長150cm体重40kgの子どもだったとしたら、いかがでしょうか。Bのほうが、体を効率的に使って結果を出しているといえそうですよね。

このように、損益計算書（成績）と貸借対照表（体つき）をセットで見比べれば、**その会社の経営の効率性、ひいてはどれくらいのポテンシャル（伸びしろ）があるか**といったことも予測できるようになるのです。

超速！まとめ

①貸借対照表を読めば、会社の体つきや骨格がみえてくる
②貸借対照表には、会社の「財産（資産）」とその「元手（負債と純資産）」が示されている

超入門 05　まずはイメージをつかもう③

決算書の基本は3つだけ！
③「キャッシュ・フロー計算書（C/S）」

ズバリ要点！　➡　「キャッシュ・フロー計算書」で、会社の血液の"量"と"流れ具合"がわかる

血流の悪い会社は危ない！
貧血だったり、血液の流れが悪いと倒れてしまうように、会社も現金が足りなかったり、資金繰りが悪くなると危険。

営業活動　　投資活動　　財務活動

3つの活動に分けて現金の出入りをみる
キャッシュ・フロー計算書では、「営業」「投資」「財務」の3つの活動ごとに、「どれだけの現金が出入りしたか」が示されている。

「現金の流れ」をまとめた「キャッシュ・フロー計算書」

最後は、「キャッシュ・フロー計算書」です。

キャッシュ・フロー計算書は、文字どおり、会社の「**現金（キャッシュ）の流れ（フロー）**」**を示したもの。**会社にとって、現金とは命をつなぐ「血液」そのもの。たとえいい体つきでも、血液が足りなかったり、ドロドロで流れなくなったりすれば、あっという間に倒れて（倒産して）しまうことだってあり得るのです。

ところで、損益計算書にも、すでに会社が儲けたお金や支払ったお金が書かれているのに、なぜわざわざキャッシュ・フロー計算書が必要になるのでしょうか。

じつは**損益計算書の売上や利益は、必ずしも「実際の現金の動き」を表しているわけではありません。**例えば、A社がB社に製品を納品し、その代金100万円の支払日が3か月後だったとします。その支払いまでの間に決算日があった場合、実際には売掛（ツケ）の状態でも、A社は"100万円をもらったもの"として売上に記載しなければなりません。

このように「**モノやサービスが提供された時点で売上や費用が発生する**」というルールを「**発生主義**」といい、損益計算書はこの会計の原則に従ってつくられています。

キャッシュ・フロー計算書は、こうした「ズレ」を正し、**実際の現金の流れをみえやすくしようという狙いがある**のです。

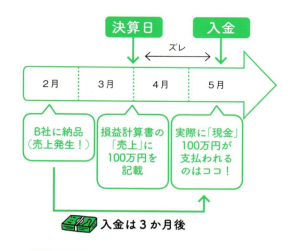

3つの活動からキャッシュ・フローを計算する

実際のキャッシュ・フロー計算書では、「**営業」「投資」「財務」の3つの活動に分けて現金の出入り**を把握します。詳しくは後述しますが（→P40）、「営業」とは商品やサービスを仕入れたり売ったりした活動、「投資」とは工場や設備の拡大や縮小にかかる活動、「財務」とは銀行にお金を借りたり返したりした活動などを表します。

そしてこれら3つの活動によって、実際に出入りした現金の額が、キャッシュ・フロー計算書に記されるのです。

P/L、B/Sに加えC/Sをみることで、例えば帳簿上は利益をあげていて調子のよさそうな会社でも、じつは**貧血（現金が足りない）**状態だったり、**出血（現金が流出している）**状態だったりといった、異常までもが察知できます。

超速！まとめ

① C/S（キャッシュ・フロー計算書）を読めば、会社の血流（現金の量と流れ）がわかる
② P/LとB/Sが見逃してしまう「ズレ」も、C/Sをみればわかる
③「営業」「投資」「財務」の3つの活動における現金の動きがわかる

超入門 06 「分析」のキホン

3つの視点で財務三表(P/L、B/S、C/S)をみる

ズバリ要点！ → 「収益性」「安全性」「成長性」の3点に注目する！

- 儲かっているかな？ — 収益性
- 倒産しないかな？ — 安全性
- もっと大きくなるかな？ — 成長性

自分がいちばん知りたいことを決める

会社にはさまざまなステークホルダーがいるが、知りたいことは概ね「儲かっているか」「倒産しないか」「大きくなるか」の3つに絞られる。知りたいことが明確なら、自然と分析方法も定まり、決算書をすばやく読めるようになる。

みるポイントは「収益性」「安全性」「成長性」の3つ

ここまで財務三表の大まかな特徴をみてきました。すでにお気づきの方も多いでしょうが、これらの**3つの表は密接につながっており、組み合わせて読むことで、はじめて会社の本当の姿を理解できます。**

詳しい分析方法は3～5章で説明しますが、その前に、決算書を読むうえでとても大切な"3つの視点"についてお話しさせてください。

ここまでの説明で、それぞれの表が会社のどんな部分を表しているか、おおよそのイメージはつくかと思います。しかしそれらは、本当に知りたい情報を得るための"材料"に過ぎません。では、知りたい情報とは何か？

どんな会社の決算書でも、知りたいポイントは、たいてい次の3つに絞られます。

- **収益性**（儲かっているか？）
- **安全性**（倒産しないか？）
- **成長性**（今後、大きくなるか？）

つまり、それぞれの表に書かれた数字を読み取って、**この3つの問いに対する"答え"を自分なりに導き出せるようになることが、最終的なゴール**といえるのです。

そしてさらに大切なのは、この3つのうち「自分が特に何を知りたいのか」、明確な目的意識をもつこと。これによって決算書の見方もずいぶん変わってきます。

例えば、これから株の購入を考えている人なら成長性が、従業員なら安全性がいちばんに気になる人も多いでしょう。

このようにそれぞれの立場（利害関係）に応じて、**情報に優先順位をつけて分析できるようになれば、よりラクに、すばやく決算書を読みこなせるようになる**はずです。

そのための基礎として、次の章では、財務三表のより詳しい読み方をご説明します。

財務三表が読めるようになったら

P15で説明したとおり、決算書は正式には財務諸表といい、財務三表以外にも「**株主資本等変動計算書**」や「**包括利益計算書**」などの書類がある。

「株主資本等変動計算書」は、貸借対照表の「純資産（→P39）」の部分だけを切り取り、1年間（期首と期末）でどう変化したのか、その内訳と増減を一目でわかるようにした明細書のようなものだ。

これをみると1年間で得た利益のうち何割を社内に留保して（蓄えて）、何割を投資家に配当として配ったのかがわかるため、特に株主にとっては重要な書類となる。

もうひとつの「包括利益計算書」は、損益計算書ではみえない、資産価値の変動による影響までも含めた利益を算出した書類のこと（包括利益→P84）。

具体的には、会社の保有する株式の「時価評価」を反映させたりする。読んで字のごとく、損益計算書よりも包括的に会社の利益を計算した書類といえるのだ（時価総額→P68）。

---

①財務三表を組み合わせれば、会社の真の姿がわかる
②「収益性」「安全性」「成長性」の"3つの視点"をもつ
③自分の知りたいことを明確にすれば、ラクに、すばやく読める

課外Lesson 知っておきたい会計知識① 「連結決算」とは何か？

　各会社の投資家向け（IR）資料をみると、「**連結財務諸表（連結決算書）**」という文字をよく目にします。この"連結"とは、何を指すのでしょうか。

　連結決算とは、簡単にいうと、親会社と子会社（連結子会社）、関連会社を含めた企業グループなどを、**1つの企業とみなし「合算して行う決算」**のことです。

　例えば、ソニーという企業グループをみてみましょう。ソニー本社は、電気機器メーカーですが、その傘下には、ソニー・ミュージックエンタテインメントやソニー銀行、ソニー損害保険など、さまざまな事業を行うグループ会社があります。

　親会社であるソニーと各グループ会社は、それぞれ単独で決算書を作成していますが（単独決算）、それとは別に、ソニーは企業グループのトップとして、自社とグループ会社の業績を合算した連結決算書も作成しているのです。その意味で**連結決算書は、"企業グループ全体の成績表"**といえるでしょう。

　なぜこのようなことを行うかというと、決算書を公表する上場企業のほとんどは、子会社を設立したり、他社に出資したりすることで事業を拡大しているので、それら関係会社の業績を加味しなければ、会社の経営状態を正しく把握できません。そのため投資家に対して、親会社はグループ全体の業績を表す必要があるのです。

　かつて、単独決算が主流だったころ、決算直前に親会社が子会社への販売を増やして利益を水増しするなど、会計操作の不正が見抜かれにくいといった問題点がありました。連結決算では、グループ内の会社間取引は、売上や利益から除かれるため、このような心配はありません。

　連結決算は欧米が先行していましたが、日本でも2000年3月期から証券取引法（現在の金融商品取引法）が大幅に見直され、現在は連結決算中心の開示になっています。

　これに伴い、会社の組織形態も変化しています。単なる親会社と子会社という関係から、持ち株会社（ホールディングカンパニー）の下に、異なる事業を行ういくつもの会社が存在するかたちへと移る会社が増えているのです。

　また、親会社も子会社も、ともに株式を上場している会社もあります。例えば、日立と日立建機や、日本郵政とゆうちょ銀行などです。この場合、子会社の連結決算書は、親会社の連結決算書の一部となっています。

基礎

第2章

超速！30分でわかる財務三表の読み方

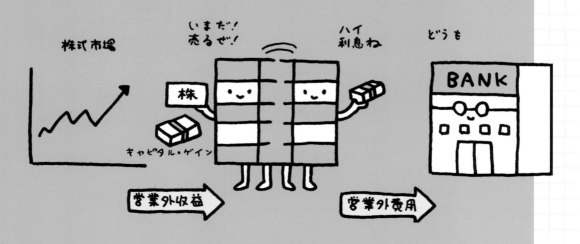

基礎01 超速！損益計算書（P/L）の仕組み

これが実際の損益計算書！

 損益計算書には"5つの利益"が示されている

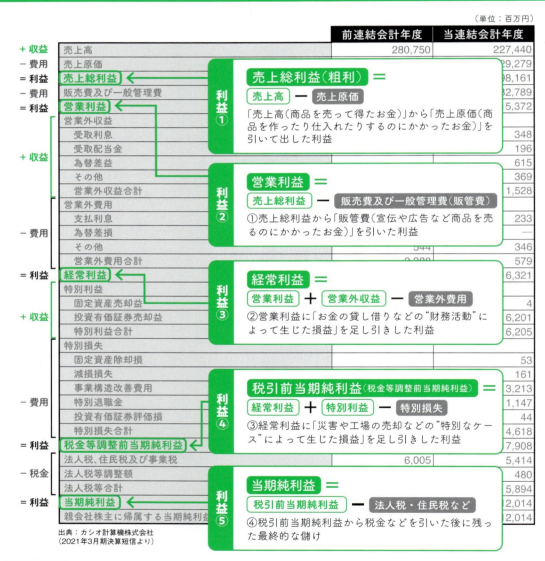

出典：カシオ計算機株式会社（2021年3月期決算短信より）

損益計算書は、「上から下へ」読んでいく

一番上の「売上高」からスタートして、さまざまな場面で生じた収入や支出（費用）を足し引きし、最後に「当期純利益」というゴールに行き着く。

基本は「売上(収益)−費用＝利益」の繰り返し

2章では、財務三表それぞれの仕組みと読み方のコツを"超速"でみていきます。

はじめは**損益計算書（P/L）**です。

損益計算書では、売上から費用を差し引くことで 会社が1年間で得た利益（儲け） がわかることは、前に説明しましたよね（→P15）。その関係を式にすると、次のようになりました。

さて、ここで導き出される利益は、じつはひとつではありません。**損益計算書には、上から下に進むに従い、段階的に"5つの利益"が示されています。**

その内訳は、左表のとおりです。

それぞれの特徴については、次ページから詳しく説明しますが、みるべき利益が5つもあると計算するのも読むのも大変そうに感じますよね。

でもご安心を。左ページの表に示したとおり、①→⑤の順に先ほどの「売上−費用＝利益」の計算を繰り返すだけで、それぞれの利益が自然と出るようになっています。

5つの利益から好不調の原因がみえてくる

それにしても、なぜわざわざ利益を5つに分けて出すのでしょうか。会社の成果だけを知りたいのであれば、売上高とそこから差し引く費用の合計額、それに最終的な儲け（当期純利益）だけがわかれば十分な気もします。

しかしそれだけでは困ることがあるのです。例えば、ある会社のある年の売上高が10億円で最終的な儲けが2億円だったとします。ところが次の年に、売上高は11億円に増えたのに、儲けは1億円に減ってしまいました。その「原因」は、一体何でしょうか？

こうしたとき「売上」や「費用」という項目で会社の収支を一くくりにしてしまうと、どこで儲けて、どこで損をしたかがわかりません。

人に例えるなら、競泳の個人メドレーで、最終タイムと順位だけでなく、4泳法それぞれのタイムを知りたいですよね。そうすれば、どこを改善すればより好タイムが出せるのかが、よくわかります。

要するに、**会社の好調（健全）な部分と不調（ムダ）な部分が、それぞれどこにあるのかをはっきりさせる**ために、項目を細かく分けて利益を示しているのです。

---

①損益計算書は「上から下へ」読んでいく
②基本は「売上(収益)−費用＝利益」を繰り返すだけ
③各利益と費用をみれば、好不調の原因がどこにあるのかわかる

基礎02 損益計算書の基礎知識

損益計算書(P/L)を読み解くコツを速攻で習得！

 それぞれの利益から「4つの実力」が透けてみえる！

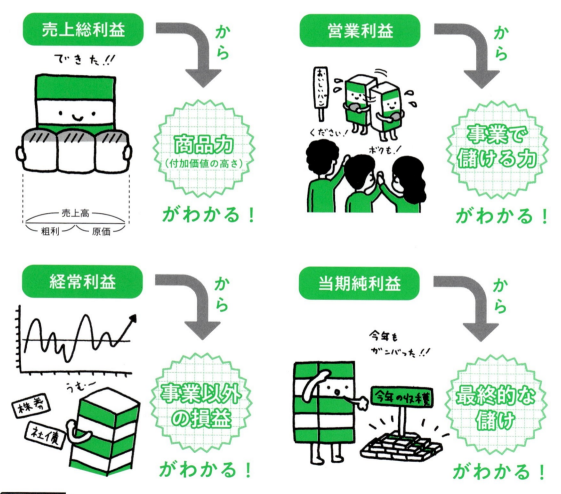

売上総利益 から	→	**商品力**（付加価値の高さ）がわかる！
営業利益 から	→	**事業で儲ける力**がわかる！
経常利益 から	→	**事業以外の損益**がわかる！
当期純利益 から	→	**最終的な儲け**がわかる！

 まずはコレだけ！

まずは、各利益で何がわかるか、ザックリ知ろう

税引前当期純利益を除く「4つの利益」から、会社が「どの領域」で、「どれくらい稼いでいるのか」がわかる。

利益① 売上総利益（粗利）＝売上高－売上原価

前項では、損益計算書に示されている5つの利益の概要を説明しました。では各々の利益から、具体的に会社の何がわかるのでしょうか。上から順にみていきます。

1つ目は「売上総利益」です。

売上総利益とは、商品（モノやサービス）を売って得た利益である「売上高」から、モノを作ったりサービスを提供したりするために直接支払った費用である「売上原価」を引いて求められる利益です。より簡単に「売上総利益＝商品代－商品を作る（仕入れる）のにかかったお金」と覚えても構いません。

では、「商品を作る（仕入れる）のにかかったお金」とは具体的に何でしょうか。

例えば、食パン1斤を作るために必要なものを考えてみてください。食パンの原料となる小麦粉や卵、牛乳などを買うお金（原料費）は当然要りますよね。そのほかに食パンを作る職人を雇うお金（人件費）、食パンを焼くオーブンにかかるお金（減価償却費→P28）、オーブンを起動させるための電気代（水道光熱費）なども欠かせません。

こうした費用のうち、実際に売れた商品に費やした分が売上原価になります（→右コラム）。また、上記は製造業の例ですが、スーパーや家電量販店などの小売業であれば、店頭に並べる商品を仕入れたときの購入費用（仕入代金）などが売上原価となります。

さて、商品を売って得た代金からこれらの売上原価を引いて求められる売上総利益は、「粗利」とも呼ばれ、いわばすべての利益のおおもとです。ここからそのほかのいろいろな損益を足し引きして、より厳密（純粋）な利益を出していきます。そのため売上総利益をどれだけ確保できるかで、会社の「儲ける力（＝最終的な利益）」が、かなりの割合で決まってしまうといっても過言ではありません。

詳しくは3章で解説しますが、売上高に占める売上総利益の大きさは「会社の競争力」を判断する指標といえます。**売上総利益の割合が大きいほど、商品（モノやサービス）の付加価値が高い**、つまりお金を稼ぐ力が高いということです。業種や販売戦略によって利益を確保する方法は異なりますが、**会社の商品力を知る手がかり**になります。

「費用収益対応の原則」

左で、小麦粉などの原料費は売上原価に含まれると書いたが、じつはすべての小麦粉の購入費が売上原価になるわけではない。どういうことか。次の例を考えてみよう。

◎とあるパン屋の1年

①年度初め（期首）の時点で、倉庫に小麦粉が2袋残っていた

②3か月後（期中）に、6袋仕入れた

③結局使ったのは5袋だけで、年度末（期末）の時点で3袋が残った

この場合、仕入れた小麦粉の数は6袋であるが、売上原価になるのは実際に使った5袋だけ。つまり「1年間（期中）に商品を作り販売した分の数（金額）」しか、売上原価にはならないのだ。使わなかった分は在庫となり、「棚卸資産→P36」とみなされる。こんな計算の仕方をする理由は、会計が「売上（収益）に対してかかった費用をできるだけ厳密に対応させよう」とする「費用収益対応の原則」に基づいているから。こうすれば利益をより正確に把握できるのだ。

利益② 営業利益 = 売上総利益 − 販売費及び一般管理費

2つ目は「**営業利益**」です。

営業利益は、1つ目の利益の「売上総利益」から、**商品を売ったりPRしたりするための費用**である「**販売費及び一般管理費（略して販管費）**」を引くことで求められます。

販管費について、先ほどと同じくパン屋を例に考えてみましょう。

当たり前ですが、焼きあがったパンをキッチンに放っておいても売れません。パンをお金（売上）に変えるためには、例えばお店を借りたり、チラシを作って配ったり、ホテルやレストランなどに売り込みにいったりと"商品を売るための活動"が必要です。また、店舗やオフィスを構えれば、"維持したり補修したりするための管理業務"も欠かせません。このような**販促活動や維持・管理にかかる費用（経費）が販管費**として計上されます。

そして売上総利益からこの販管費を引いて求められる営業利益は、会社が「**本来の事業でどれだけ稼げているか**」を表します。

主な販管費

人件費	給与や賞与、退職金、法定福利費など、社員に対して支払う費用
広告宣伝費	新聞やWEB広告、テレビCMなど、広告掲載や宣伝にかかる費用
研究開発費（R&D費とも）	新商品の開発などにかかる費用
減価償却費	固定資産（→P37）の価値が減った分を費用とみなしたもの（→下コラム）
地代家賃	会社が使用する土地や建物の賃料
リース料	会社で使用する機材やサーバーなどを借りるのにかかる費用
通信費	電話代やネット使用料、郵送代など
消耗品費	文房具などの事務用品やトイレットペーパーなどの備品の購入費用

その理由は、営業利益を計算するまでに、通常の事業活動で生じる費用のすべてが引かれているからです。事業に必要な資源を「ヒト」「モノ」「カネ」の3つに分けるとすると、このうち「ヒト」「モノ」にかかる費用のほとんどは、売上原価と販管費に含まれています。

「減価償却」とは何か？

会計に馴染みがないと、どんな費用なのかイメージしにくいのが、減価償却費。減価償却とは、一言でいえば、製造機器や自動車など、**高額な事業用設備の費用を複数年にわたって少しずつ償却（経費として計上）していく仕組みのこと**。例えば、20万円のパソコンを買ったなら、4年にわたって毎年5万円ずつ経費として計上することになるのだ※。

なぜわざわざこんなことをするのか。「費用収益対応の原則」（→P27）を思い出してみよう。

パソコンは、3～5年と長期間にわたって使用するのが普通だろう。2年目以降も売上に貢献しているのに費用として計上しないのは、売上と費用を対応させる原則から遠ざかってしまう。また、ビルや工場など非常に高額な買い物をした年は、たとえ本業で儲かっていても、購入した年の費用が莫大になり利益（会社の実態）を正しく表せなくなる。

このようなことを防ぐために、高額固定資産は、法律で定められた年数（食料品製造業用設備なら10年、パソコンなら4年など）で費用を等分して、「**毎年少しずつ価値を減じて償却する**」ことが決められているのだ。

パソコン（取得価額20万円）の場合

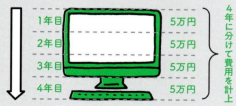

※ 定額法（固定資産の耐用年数に応じて、毎年同じ額の減価償却費を計上する方法）の場合

事業での儲けを表す営業利益は、会社の収益性を分析するうえで、**銀行や投資家などのプロが重要視する利益**です。なぜなら、その会社が「株や資産の売却に頼らず、本業で稼げているか」を判断するための指標だからです。

営業利益が重要な理由はもう1つあります。

それは1つ目の利益である売上総利益に比べて、営業利益は業種や業態（商品の売り方）による差が小さく、**会社の実力（稼ぐ力）を比べるうえで有効な目安になる**からです。

例えば家電メーカー（製造業）の場合、小売業に比べて売上原価（製造原価）は小さく、粗利は大きいのが一般的です。一方で、自社製品を宣伝するためにCMを打ったり、新商品を開発するために莫大な研究開発費をかけたりと、多額の販管費を支払っています。

対して、家電量販店（小売業）は、仕入に大きな原価がかかるため、粗利は小さくなりますが、販管費は、販売員の人件費や地代家賃くらいで、広告宣伝費や研究開発費はそこまでかかりません。

このように業種や業態で、"利益の確保の仕方"は異なります。そこで会社の実力を測る（特に、異業種の企業の収益性を比較する）うえでは、**事業に必要な費用をすべて差し引いた後の営業利益で比べる必要がある**のです。

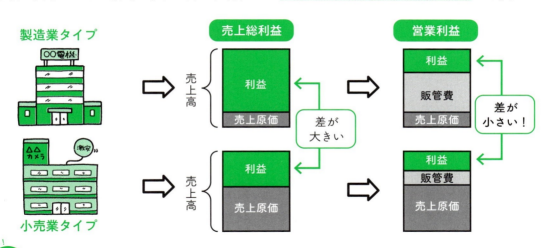

深読み！ +α 「直接費」と「間接費」

売上原価と販管費の項目を見比べて、どちらにも「人件費」が含まれていることに、疑問を感じた方もいるかもしれない。じつはこれも大きな意味で「費用収益対応の原則」に則っているのだ。

売上原価に含まれる人件費は、商品を作る職人や工員に支払われる給与。対して、販管費に含まれる人件費は、販売員や営業マン、事務員などに支払われる給与である。

2つの人件費を区別する違いは「**製造に直接かかった費用かどうか**」。これにより同じ人件費でも、売上原価になるか販管費になるか変わるわけだ。

このように「商品の製造やサービスの提供に直結する費用」を「**直接費**」と呼び、「製造や提供に直接かかわらない費用」を「**間接費**」と呼ぶ。

これは「ヒト」（人件費）だけでなく、「モノ」にかかる費用も同じ。例えば「地代家賃」の場合、製造に必要な工場の賃料は直接費として売上原価になる一方、商品を販売・管理する店舗や事務所の賃料は間接費として販管費に含まれるのだ。

直接費（売上原価）
- 工場の作業員 などの人件費
- 商品の原材料費 （仕入代金）
- 工場の地代家賃 など

間接費（販管費など）
- 事務所（本社） 社員の人件費
- 商品の広告宣伝費
- 事務所や販売所の 地代家賃 など

利益③ 経常利益 ＝ 営業利益 ＋ 営業外収益 － 営業外費用

3つ目は「経常利益」です。

経常利益は、2つ目の利益の「営業利益」に、「営業外で生じた収益や費用」を加味することで求められます。

例えば、会社のお金を銀行に預けていれば「利息」を受け取ることができます。また、株式を保有していれば、「配当金」や「売却益（キャピタル・ゲイン）」を得ることも可能です。

逆に、銀行からお金を借りていれば、利息を支払わなければなりません。また、売却のタイミングによっては、株式取引で損失を被ることも十分にあり得ます。

このような"営業外"（事業以外）で生じる収益や費用を「営業外損益」と呼びます。

先ほど28ページで、事業に必要な資源を大きく「ヒト」「モノ」「カネ」の3つに分けて説明しましたが、このうち「カネ」にあたる部分が、営業外損益になります。

つまり経常利益とは、会社の事業での儲けだけではなく、「財務活動」に関する収益や費用までを考慮した利益なのです。

経常利益は、別名「ケイツネ」とも呼ばれ、「会社が経常的に（安定して継続的に）利益を生む能力」を表す数値として、日本では長年重要視されてきました。営業利益がたくさんあっても、多額の借金があれば利息も膨らみ、経常利益は小さくなってしまいます。

そのため経常利益からは「会社の事業を支えている骨格が何か（借金か、自分のお金か）」（→P33）が透けてみえてくるのです。

主な営業外収益（＋）

受取利息	預金や貸付金から発生する利息
受取配当金	所有する株式から得られる配当金（ただし自社の株式からの配当金は収益として認められない）
為替差益	為替レートの変動によって、商品や金融資産の売買を円換算したときに発生する利益
引当金の戻し入れ	損失の発生見込みがなくなった引当金（→P38）の戻し入れによる利益
雑収入	上記の科目に当てはまらない営業外収益

主な営業外費用（－）

支払利息	金融機関や取引先からの借入金などに対して支払う利息
為替差損	為替レートの変動によって、商品や金融資産の売買を円換算したときに発生する損失
各種引当金	将来発生する可能性がある損失をあらかじめ引当金（→P38）として計上した場合の費用
雑損失	上記の科目に当てはまらない営業外費用

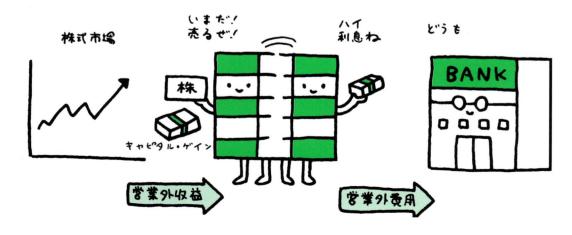

利益④ 税引前当期純利益 ＝ 経常利益 ＋ 特別利益 － 特別損失

4つ目は「税引前当期純利益」です。

税引前当期純利益は、文字通り「**税金を引く前の利益**」で、後は法人税などを引けばゴールとなります。では、なぜわざわざこの利益を出す必要があるのでしょうか。

税引前当期純利益は、3つ目の利益の「経常利益」に、「**特別な事情で生じた収益や費用**」を加味することで求められます。この特別な事情とは、例えば地震などの災害によって工場が使えなくなったことによる損失や、業績不振からやむなく事業を売却して得た利益などを指します。

このような一時的な要因で発生した利益（特別利益）や費用（特別損失）までを含めた利益が、税引前当期純利益なのです。

主な特別利益(＋)

固定資産売却益	固定資産を売却して得た利益
投資有価証券売却益	事業とは直接関係のない、投資目的で保有する国債や有価証券を売って得た利益

主な特別損失(－)

固定資産除却損	固定資産を廃棄して発生した損失
投資有価証券売却損	事業とは直接関係のない、投資目的で保有する国債や有価証券を売って発生した損失
災害損失	火災、地震、台風などの災害により発生した損失
損害賠償損失	損害賠償金を支払ったことによる損失
事業整理損失	事業の再構築などにより発生した損失

利益⑤ 当期純利益 ＝ 税引前当期純利益 － 法人税などの税金

最後は「当期純利益」です。

先ほど説明したとおり、4つ目の利益の「税引前当期純利益」から「法人税」や「地方税（住民税）」などの税金を引いたものが当期純利益。これこそが、**会社が1年間で得た最終的な利益（成果）そのもの**といえます。

さらにこの当期純利益は、会社にとってだけでなく、**株主への利益配分を決める重要な数値**となります。一般的に、株主に対しては年2回、中間決算と期末決算のときに、保有する株数に応じて当期純利益から配当金が支払われます。この当期純利益に対する配当金の割合を「配当性向」といい（例：当期純利益が10億円で配当総額が2億円のとき、配当性向は20％となる）、配当を重視する株主にとっては重要な指標となります。

その意味で、当期純利益の大きさは、「**株主に対する実りの多さ**」**を判断する指標**になるといえるでしょう。

超速！まとめ
① 5つの利益には異なるストーリーがある
② 利益の裏にある費用を分析することが大切
③ 特に重要なのは、営業利益と当期純利益の2つ

基礎03 超速！貸借対照表（B/S）の仕組み

これが実際の貸借対照表！

ズバリ要点！ 表の左側にお金の「使い方」が、右側に「集め方」が示されている

左 / **右**

（単位：百万円）

資産の部	前連結会計年度	当連結会計年度
流動資産		
現金及び預金	71,696	94,976
受取手形及び売掛金	33,701	29,873
有価証券	48,000	45,499
製品	36,008	35,999
仕掛品	6,324	5,331
原材料及び貯蔵品	10,818	8,071
現先短期貸付金	14,999	—
その他	6,331	5,112
貸倒引当金	△491	△598
流動資産合計	227,386	224,263
固定資産		
有形固定資産		
建物及び構築物	58,741	57,639
減価償却累計額	△43,357	△43,031
建物及び構築物（純額）	15,384	14,608
機械装置及び運搬具	13,025	13,809
減価償却累計額	△10,663	△11,466
機械装置及び運搬具（純額）	2,362	2,343
工具、器具及び備品	34,430	34,662
減価償却累計額	△31,340	△31,826
工具、器具及び備品（純額）	3,090	2,836
土地	33,551	33,002
リース資産	6,825	8,045
減価償却累計額	△2,370	△4,037
リース資産（純額）	4,455	4,008
建設仮勘定	738	253
有形固定資産合計	59,580	57,050
無形固定資産	8,459	8,663
投資その他の資産		
投資有価証券	21,077	19,661
退職給付に係る資産	7,924	15,179
繰延税金資産	7,452	5,195
その他	2,285	2,055
貸倒引当金	△63	△38
投資その他の資産合計	38,675	42,052
固定資産合計	106,714	107,765
資産合計	**334,100**	**332,028**

出典：カシオ計算機株式会社
（2021年3月期決算短信より）

負債の部	前連結会計年度	当連結会計年度
流動負債		
支払手形及び買掛金	23,603	20,920
短期借入金	186	153
1年内返済予定の長期借入金	25,000	3,634
未払金	14,626	16,885
未払費用	11,978	11,973
未払法人税等	1,454	1,828
製品保証引当金	762	740
事業構造改善引当金	918	1,342
その他	8,541	7,747
流動負債合計	87,068	65,222
固定負債		
長期借入金	37,847	49,500
繰延税金負債	1,290	1,291
事業構造改善引当金	860	600
退職給付に係る負債	1,105	558
その他	3,391	2,962
固定負債合計	44,493	54,911
負債合計	**131,561**	**120,133**

純資産の部	前連結会計年度	当連結会計年度
株主資本		
資本金	48,592	48,592
資本剰余金	65,042	65,056
利益剰余金	118,347	119,445
自己株式	△24,875	△24,820
株主資本合計	207,106	208,273
その他の包括利益累計額		
その他有価証券評価差額金	4,455	4,522
為替換算調整勘定	△7,490	△3,577
退職給付に係る調整累計額	△1,532	2,677
その他の包括利益累計額合計	△4,567	3,622
純資産合計	**202,539**	**211,895**
負債 純資産合計	**334,100**	**332,028**

左半分と右半分の合計はイコールになる

［会社の財産］土地、建物、工場、設備機械など

［元手①　借りたお金（＝他人資本）］銀行などから借りたお金

［元手②　返さなくていいお金（＝自己資本）］株で集めた資本金など

まずはコレだけ！
①「左」の資産の部の合計と、「右」の負債・純資産の部の合計は、一致する
②「上」の項目ほど現金化しやすく、「下」の項目ほど現金化しにくい

貸借対照表は「左」と「右」に分けてみる

次は**貸借対照表（B/S）** をみていきます。17ページで、貸借対照表は「会社の財産」と「その財産を手に入れるための元手（資金の出所）」を示した表であると述べました。

損益計算書では「上から下へ」みましたが、**貸借対照表はまず「左と右に分けて」みていく**のが基本です。左のブロックが会社の財産を、右のブロックが財産の元手を表しています。

このように左右に並べて表記するのには、きちんとした理由があります。会計では、財産は「**資金の運用法**」、元手は「**資金の調達法**」と捉えられます。つまり**会社が「集めたお金（右側）をどのように使っているか（左側）」をまとめて表したもの**が貸借対照表なのです。

そして調達したお金は、必ず使い道を示さなければなりません。従って、**元手（右側）と財産（左側）の合計金額は必ず一致（バランス）** します。これが「B/S（バランスシート）」といわれるゆえんです。

表の左右をもう少し詳しくみていきます。会計では、会社の財産が示されている左側を「**資産の部**」と呼びます。一方で、その元手が示されている右側は2つのブロックに分かれ、上側を「**負債の部**」、下側を「**純資産の部**」と呼びます。この「資産」「負債」「純資産」の関係を式にすると、次のようになります。

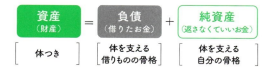

次ページから詳しくみていきますが、資産は「**会社の財産**」、負債は「**銀行などから借りた返済義務のあるお金**」、純資産は「**株主からの出資や事業で儲けた返済義務のないお金**」と覚えておけばOKです。

「上」と「下」の違いはお金の"動かしやすさ"

貸借対照表をみるうえで、もう1つカギになるのが「上下の並び」です。

「資産の部」をよくみると、「**流動資産**」（上）と「**固定資産**」（下）の2つに分類されていますよね。「負債の部」も同じく「**流動負債**」と「**固定負債**」で上下に分かれています。

この上下（流動と固定）を分かつポイントとなるのが「1年以内」という期限です。

資産であれば「**1年以内に現金化できるもの**」が流動資産に、負債であれば「**1年以内に返済しなければならないもの**」が流動負債となります。逆に**固定資産（負債）** は、「**すぐに現金化できないもの（即返済の必要がないもの）**」です。

ちなみに純資産は、返済の必要がないため、固定以上にがっちりと動かないイメージです。

超速！まとめ

① 貸借対照表は資金の「運用法」（左）と「調達法」（右）を表す
② 「資産」（左）と「負債＋純資産」（右）の合計額は一致する
③ 流動性のある項目から、上から順に並んでいる

基礎04 貸借対照表の基礎知識

貸借対照表（B/S）を読み解くコツを速攻で習得！

資産は「会社の体つき」、
負債・純資産は「肉体を支える骨格」

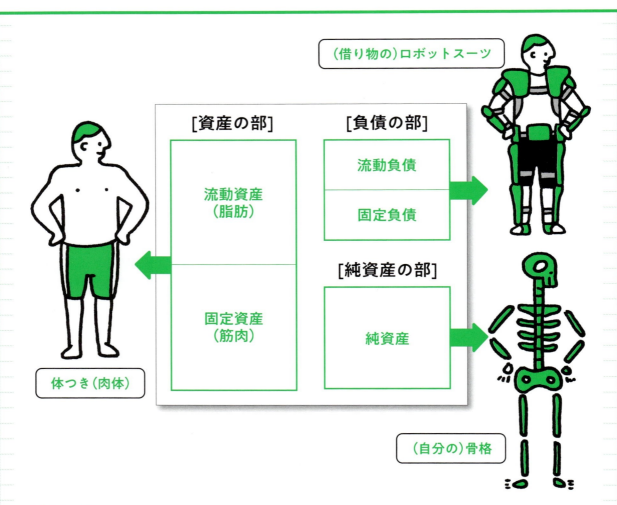

会社はどんな体つきで、その体は何に支えられているか

人に例えると、資産の部（左側）は「体つき（肉体）」で、負債・純資産の部（右側）は「それを支える骨格」のイメージだ。さらに体つきは「筋肉」と「脂肪」に、骨格は「自分の骨格」と「借り物のロボットスーツ」に分かれる。

資産の部は「会社の肉体」を表す

1章で、私は、貸借対照表は「会社の健康診断表」であるといいました（→P14）。貸借対照表をみれば、外側からはわからない会社の中身や健康状態をくまなく知ることができるからです。

では、このイメージに従って、資産・負債・純資産の3つの部の特徴をみていきましょう。

まず資産の部は、会社の「体つき（肉体）」にあたる部分です。人と同じように、会社もすぐれた肉体（資産）をもっていれば、大きな運動成果（利益）をあげることができます。

さて、人がそうであるように、肉体には大きく「筋肉」と「脂肪」があります。筋肉は、運動をするときの動力源。脂肪は、体内に蓄積されたエネルギー源です。

これを会社に置き換えると、筋肉は「売上を生み出す動力源」、すなわち商品を製造する工場や販売店舗といった固定資産です。

一方、脂肪は「すぐに使って（売って）エネルギーにできるもの」、すなわち倉庫に眠っている在庫や、社内に蓄えられた現金や預金などの流動資産です。会社の肉体（資産）は、このような筋肉（固定資産）と脂肪（流動資産）によって作られています。

ここで注意してほしいのが、筋肉も脂肪もバランスが大切ということ。人で考えるなら、なるべく脂肪はなくしたほうがよい気がします。しかし、すぐに燃焼してエネルギーにかえられる脂肪がゼロだと体は機能しません。同様に、会社もある程度の脂肪（現金や在庫）を蓄えておかないと、安定した経営はできません。突然トラブルに見舞われて多額の現金

が必要になる、または在庫がないばかりに取引を諦めざるを得ないといったことも考えられるからです。

もちろん、脂肪のつきすぎもいけません。大量の在庫を抱えていては、保管料や維持費が膨らみますし、古くなったら廃棄処分もしなければなりません。

要は人も会社も、バランスが大切なのです。

純資産の部は「自分の骨格」、負債の部は「ロボットスーツ」

次に、右側の負債・純資産の部をみていきましょう。財産の元手となる負債や純資産は、会社の肉体（資産）を支える、いわば「土台」の役割を果たしています。

ただし負債と純資産では、同じ土台でも性質（造り）が異なります。会計では、返済義務のある負債を「他人資本」、返済義務のない純資産を「自己資本」といいます。

自己資本である純資産は、人の体でいえば「自分の骨格」。これがしっかりしている（多い）ほど、経営は安定します。骨格ががっしりしている人のほうが倒れにくいですよね。

一方、他人資本である負債は、いわば他人からの借り物の骨格で、外付けの「ロボットスーツ」のようなものです。うまく利用すれば、自分の骨格を補強し、実力以上の力を出すことができます（例えば、自己資本1億円に借入金1億円を加えれば、倍の設備を購入できる）。つまり、肉体をより大きくし、本来の力以上に成果をあげやすい体質にできるのです。

ただし借り物なので、いつかは返さなければならないため注意が必要です。

①資産の部「流動資産」の主な項目

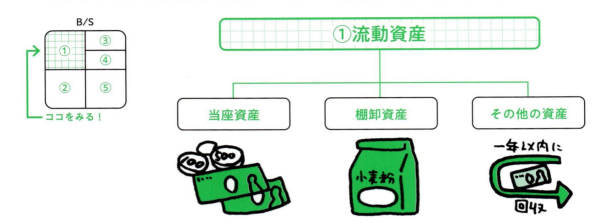

ここからは、それぞれの部を構成する主な項目をみていきましょう。

ここでは貸借対照表を①流動資産、②固定資産、③流動負債、④固定負債、⑤純資産の5つのブロックに分けて解説していきます。

はじめは資産の部の「流動資産」です。

流動資産は、「1年以内に現金化できる資産」のことでした。この流動資産は、上の図のとおり、主に3つの項目に分けられます。

当座資産

「当座」とは、「その場ですぐ、即座」という意味で、当座資産は、流動資産のなかでも、特に現金化しやすい資産を指します。代表的なものは、「現金」そのもののほか「預金」「売掛金」「受取手形」などです。

売掛金とは、いわゆる"ツケ"のことで、すでに取引先に納品した商品のうち、まだ支払われていない代金のことです。また、受取手形は、売掛金の一種。「〇月×日までに代金を支払います」と約束を交わした書面（手形）を受け取った場合は受取手形として、そうでない場合は売掛金として形式上区別されます。この売掛金と受取手形を合わせて、特に「売上債権」と呼びます。

棚卸資産

いわゆる「在庫」のこと。「商品」や「原材料」のほか、「半製品（完成直前の製品）」「仕掛品（完成途中の製品）」「貯蔵品（未使用の消耗品や燃料）」などの在庫も棚卸資産になります。人でいえば、脂肪の代表です。

35ページでも説明したように、過剰な在庫は商品価値の低下や維持費などによって、損失を生む原因にもなることに注意しましょう。

その他の資産

その他の資産で代表的なものが「短期貸付金」です。取引先や仕入先に貸したお金のうち、1年以内に回収できるものを指します。

資産の部は、上から流動資産、固定資産と流動性の高い（現金化しやすい）順に記載されていましたが、流動資産の中身も、当座資産→棚卸資産→その他の資産と、上から現金化しやすい順に並んでいます。

②資産の部「固定資産」の主な項目

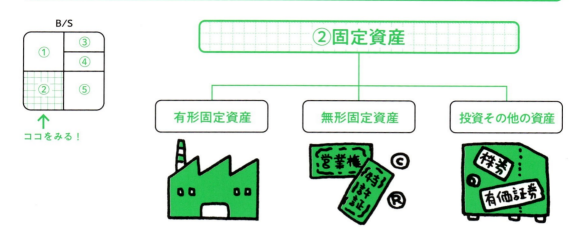

ココをみる！

2つ目は、資産の部の「固定資産」です。

固定資産は、「すぐ（1年以内）に現金化できない資産」のことでしたね。これは言い換えれば、「現金化せず、使い（持ち）続けることを前提とした資産」といえます。

つまり使い続けることで利益を生み出す原動力（エンジン）となるのが、固定資産なのです。いわば会社の筋肉です。固定資産は、主に次の3つの項目に分けられます。

有形固定資産

この場合の「有形」とは、「目にみえて、触ることができる」という意味です。会社が保有している「土地」のほか、本社ビルや工場、販売店舗といった「建物」、工場の「機械装置」や「工具」など、1年を超えて事業に使う資産を指します。

無形固定資産

「無形」とは、「形こそないが、価値のあるもの」の意味で、「営業権（のれん※）」や「特許権」「商標権」「借地権」「ソフトウェア」などが無形固定資産にあたります。

営業権は、他社から商品やブランドの権利を買ったり、会社を買収したりしたときに生まれます。要は、その"ブランド価値"を利用して商品を売って利益を生み出すのですね。一方、特許権や商標権は利用料を得ることで、ソフトウェアはプログラムを利用することで、それぞれ利益を生み出します。

ただし、貸借対照表に記載されている金額は、無形固定資産によって得られる利益ではなく、**それ（権利）を取得する際にかかった金額**（購入時点での価値）である点に注意してください。

投資その他の資産

これは主に、長期保有を目的をもっている債券や株券といった「投資有価証券」などです。ただし短期売買（すぐに売ってお金に換えること）を目的とした有価証券は、流動性が高いため当座資産に区分されます。

以上のように、会社は集めたお金をさまざまな形の資産に換えて所有し、事業を営んでいるのです。

※「のれん」は、企業を買収・合併した際に、「買収された企業の純資産額」と「買収価額」との"差額"を表す数値
（例：純資産額300億円の会社を、500億円で買収した場合、のれんの額は200億円となる）

③負債の部 「流動負債」の主な項目

　3つ目は、負債の部の「流動負債」です。
　ここからは表の右側、つまり財産の元手の部分に移ります。流動負債は、「**すぐ（1年以内）に返済しなければならない債務**」のことでした。主な項目は次のとおりです。

仕入債務

「**買掛金**」や「**支払手形**」などがあります。これは商品や原材料を仕入れたとき、支払いを猶予してもらっている状態で、要は"ツケで買った"ということ。先ほどの売上債権（→P36）とは逆の状態ですね。取引先から一時的に借金をしているようなものといえます。

短期借入金

　読んで字のごとく、「**銀行などに短期（1年以内）で返さなければならない借金**」のことです。借りたお金は、事業の継続に必要な「**運転資金**（→P80）」などにあてられます。

④負債の部 「固定負債」の主な項目

　固定負債とは、「**1年を超えて返済可能な債務**」のこと。流動負債のようにすぐに返済する必要がないため、固定負債の割合が大きいほど資金繰りは安定的であるといえます。

長期借入金、社債

「**長期借入金**」は1年を超えて返済する借金のこと。短期借入金に比べ長く借りていられるので安心です。
「**社債**」は、会社が発行する債券のこと。これを投資家などに買ってもらうことで、会社は一時的に多額の資金を調達できます。ただし、購入者に対して定期的に金利を支払う必要があるほか、約束の日（償還日）になったら、元本を返さなければなりません。

引当金

「**引当**」とは「**将来の出費に備えて準備しておく**」という意味です。退職金を支払うための準備金（退職給付負債）などが代表例です。

⑤純資産の部 「純資産」の主な項目

　最後の「純資産」は、「**(元手のなかでも)返済する必要のないお金**」のことでした。この純資産は、次の項目のように会社が稼いだお金（利益）と、株主などの出資者から集めたお金（**出資金**）によって構成されています。

株主資本

　株主資本は、大きく「**株主から集めたお金**」と「**会社が事業で得た利益を蓄積したお金**」の2つで構成されています。「会社の所有者は株主」とよくいわれますが、そのゆえんのひとつは、この株主資本の存在でしょう。

　具体的には「**資本金**」「**資本剰余金**」「**利益剰余金**」といった3項目で表されます。簡単にいうと、資本金は「会社設立時などの出資金」、資本剰余金は「新株発行などの資本取引によって得たお金のうち、資本金には組み込んでいないお金」、利益剰余金は「会社が**内部留保**したお金」のことです（→P47）。

評価・換算差額等

　会社がもっている株など有価証券の"時価"との差額を表したものです。**買ったときの価格と現時点での価格の差**を示し、購入時より株価があがればプラスになります。

非支配株主持分

　親会社の決算に含まれる子会社（連結子会社）が発行する株のうち、**親会社以外がもっている株の持分のこと**です。

　基本的に、貸借対照表の左側の資産には、子会社の資産も100％計上されます。右側もそれに合わせて100％純資産を計上しますが、そのうち親会社がもっていない株の持分を「**非支配株主持分**」として別に記載し、当社株主の持分をわかりやすくしているのです※。

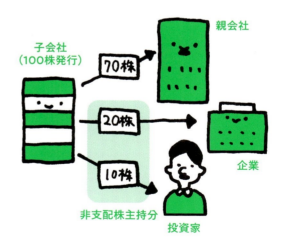

超速！まとめ
① 資産(肉体)は、負債と純資産(骨格)で支えられている
② 資産のうち、流動資産は脂肪、固定資産は筋肉のイメージ
③ 負債はロボットスーツ、純資産は自分の骨格のイメージ

※なお決算短信では、純資産から非支配株主持分を差し引いたものを自己資本ととらえます

基礎 05 超速！キャッシュ・フロー計算書（C/S）の仕組み

これが実際の キャッシュ・フロー計算書！

ズバリ要点！ 会社の活動を、「営業」「投資」「財務」の3つに分け、現金の出入りをみる

（単位：百万円）

	前連結会計年度	当連結会計年度
営業活動によるキャッシュ・フロー		
税金等調整前当期純利益	27,641	17,908
減価償却費	11,767	11,076
減損損失	―	161
固定資産除売却損益（△は益）	73	49
投資有価証券売却損益（△は益）	△3,196	△6,201
未払又は未収消費税等の増減額	△551	164
その他	△277	392
小計	41,731	29,124
利息及び配当金の受取額	1,096	599
利息の支払額	△286	△233
法人税等の支払額	△6,893	△4,629
営業活動によるキャッシュ・フロー	33,047	24,587
投資活動によるキャッシュ・フロー		
定期預金の預入による支出	△388	△374
定期預金の払戻による収入	398	362
有形固定資産の取得による支出	△5,122	△3,620
関係会社の清算による収入	2,304	―
その他	57	28
投資活動によるキャッシュ・フロー	△1,695	△3,116
財務活動によるキャッシュ・フロー		
短期借入金の純増減額（△は減少）	△46	△33
長期借入れによる収入	4,000	15,000
長期借入金の返済による支出	―	△25,000
財務活動によるキャッシュ・フロー	△24,915	△22,950
現金及び現金同等物に係る換算差額	△1,474	4,218
現金及び現金同等物の増減額	4,963	2,739
現金及び現金同等物の期首残高	132,208	134,314
連結子会社の決算期変更による現金及び現金同等物の増減額（△は減少）	△2,857	―
現金及び現金同等物の期末残高	134,314	137,053

出典：カシオ計算機株式会社（2021年3月期決算短信より）

①営業CF
「営業活動」とは、会社の事業活動のこと。「事業でしっかり現金を生み出せたか」がわかる。キャッシュ・フローのなかでも、もっとも重要な部分といえる

損益計算書の「税引前利益」に相当する

②投資CF
「投資活動」とは、固定資産や有価証券などの取得や売却のこと。「どれだけ投資したか」を示している。なお、投資＝現金の流出、となるので投資CFは通常マイナスとなる

③財務CF
「財務活動」とは、銀行など金融機関からの借入や返済、株式の発行などの資金調達のこと。「お金をいくら調達し、いくら返したか」がわかる

④ ⑤ ⑥

3つのCFの合計。1年間の現金の増減がわかる

期首時点での手元の現金残高

④+⑤で算出した期末時点での手元の現金残高

P/LやB/Sではわからない現金の増減をチェックできるのがキャッシュ・フロー計算書だ

「現金の流れ」をみれば会社の本当の姿がわかる

財務三表の最後は、キャッシュ・フロー計算書（C/S）。基礎の学習の最後になります。

キャッシュ・フロー計算書は、損益計算書からはわからない「会社の現金の出入り」を示した表でした。なぜわからないかといえば、損益計算書は「発生主義」によって作られているからでしたね（→P.19）。

会社にとって現金は、健康に活動するための血液のようなもの。もしも、帳簿上は売上や利益がたくさんあっても、そのほとんどがツケ売り（売掛金）によるもので、実際には会社に現金が入ってこない状態（貧血状態）だったとしたら……。手元に現金がなければ事業を続けるうちに資金不足となり、倒産の危険性が高まります。

このように現金（血液）の不足は会社の命にかかわる問題であり、そこに異常がないかチェックをするのがキャッシュ・フロー計算書の大切な役割なのです。

会計の世界には「Profit is an opinion, cash is a fact．（利益は意見、現金は事実）」という言葉があります。これは、「（ツケ売りなどで）利益はある程度作れるが、現金はごまかせない」という意味です。損益計算書や貸借対照表だけみていても、会社のリアルな実態はみえてきません。現金の流れにまで目をとおして、はじめて正確な分析が可能となるのです。

資産・負債の増減と現金の増減は表裏一体

では、大まかな仕組みをみていきましょう。

キャッシュ・フロー計算書は、上から順に、次の3つの活動に分けて現金の出入りを記録しています。

①営業活動によるキャッシュ・フロー（営業CF）
②投資活動によるキャッシュ・フロー（投資CF）
③財務活動によるキャッシュ・フロー（財務CF）

それぞれの特徴や細かな項目については、次ページから詳しく説明しますが、その前にキャッシュ・フロー計算書の基本的なルールを知っておいてください。

ルールは1つだけ。それは「資産の増加は現金の流出を、負債の増加は現金の流入を意味する」ということです。

資産が増えれば（何かを買えば）手元の現金は減りますし、負債が増えれば（お金を借りれば）手元の現金は増えますよね。逆に資産が減れば（売れば）現金は増え、負債が減れば（借金を返せば）手元の現金は減ります。

キャッシュ・フロー計算書では、この原則に従って、各活動における現金の出入りを「プラス」と「マイナス」で示しています※。

プラスは会社に現金が入ってきたということ、マイナスなら会社から現金が出ていったということです。まずはこれだけ覚えておいてください。

超速！まとめ

①分析には「利益は意見、現金は事実」の視点が大切
②現金は、資産が増えれば流出し、負債が増えれば流入する
③C/Sでは、プラスは現金増、マイナスは現金減を表す

※実際の表では、マイナスは「△」と表記されています

基礎 06 キャッシュ・フロー計算書の基礎知識

キャッシュ・フロー計算書(C/S)を読み解くコツを速攻で習得!

ズバリ要点! 3つのCFの「プラス」と「マイナス」から会社の好調・不調がザックリわかる

	前連結会計年度
営業活動によるキャッシュ・フロー	
税金等調整前当期純利益	7,000
減価償却費	3,000
⋮	⋮
営業活動によるキャッシュ・フロー	10,000
投資活動によるキャッシュ・フロー	
有形固定資産の取得	△5,000
投資有価証券の取得	△1,000
⋮	⋮
投資活動によるキャッシュ・フロー	△7,000
財務活動によるキャッシュ・フロー	
長期借入の返済	△1,000
配当金の支払い	△1,000
⋮	⋮
財務活動によるキャッシュ・フロー	△2,000
現金及び現金同等物の増減額	1,000
現金及び現金同等物の期首残高	14,000
現金及び現金同等物の期末残高	15,000

営業キャッシュ・フロー(営業CF)
自分の体が生み出す血流

- 営業CFが+ :) 血液を作り出せている。つまり、会社の事業で現金を得ているので安心。
- 営業CFが- :(血液を作り出せていない。事業をするだけで現金が出て行っているので危険。

投資キャッシュ・フロー(投資CF)
筋肉など体を作るための血流

- 投資CFが+ :| 筋肉を削り、血に変えているイメージ。つまり会社の資産を売って、現金を得ている状態。
- 投資CFが- :) 血液を使って筋肉を増強しているイメージ。お金を払って、新たな資産を得ている状態。

財務キャッシュ・フロー(財務CF)
外部からの血流

- 財務CFが+ :| 血液が足りず、輸血を受けているイメージ。金融機関などから、借入を増やしている状態。
- 財務CFが- :) 血液が多く、余裕があるので献血をしているイメージ。借入金残高を減らしている状態。

まずはコレだけ! CFは、すべて「+」(現金増)であればいいわけではない

投資CFの「+」は会社の資産が減っていることを、財務CFの「+」は銀行からの借入金が増えていることなどを意味する。だから、現金が増減している背景や理由に目を向けることが大切。

①営業キャッシュ・フロー ⇨「事業で稼げているかどうか」がわかる

ここからは、キャッシュ・フロー計算書の具体的な中身をみていきましょう。

1つ目は「営業活動によるキャッシュ・フロー（以下、営業CF）」です。ここでいう営業活動とは、「会社の事業」のこと。つまり営業CFは「**事業でどれだけ現金を得られたか（稼げたか）**」を示しています。体に例えると、「十分な量の血液を自分で作り出せているかどうか」ですね。

営業CFが**プラスであれば、事業で現金を得られている**、いわば血液を作り出せている状態です。逆に**マイナスだと、事業を続けるほど現金が外に出ていく**、いわば出血しながら運動している状態です。これが長く続くと、出血多量で倒れる、つまり倒産の危険性が高くなってしまいます。そのため**営業CFは、多ければ多いほどいい**といえます。

営業CFの細かな項目をみていきましょう。「税引前当期純利益」「減価償却費」「売上債権」「棚卸資産」「仕入債務」など、今までに見覚えのある言葉が並んでいますね（→下右図）。

これらの項目の共通点は、「**発生主義（帳簿上の数字）と現金主義（実際の現金の動き）で金額にズレが生じる部分がある**」ということです。

例を挙げてみましょう。減価償却は、工場設備など金額が大きなもの（資産）を買ったときに、その費用を複数年に分けて計上していくことでした（→P28）。しかし実際は、工場設備の費用（代金）は、買った年にすでに支払い終えているのが普通です。

そうすると2年目以降は、損益計算書に「減価償却費」として工場設備の費用を計上しているのに、会社の現金は外に出ていかない、つまり帳簿上の収益（費用）と手元の現金にズレが生じることになります。

営業CFでは、このように発生主義によって算出した会社の利益（税引前当期純利益）から、**実際の現金の動きとズレが生じる部分を1つ1つ洗い出して、金額の差を調整している**のです（→下図）。

次ページに、金額のズレが生じる主な項目とその調整の仕方を表にまとめてみましたので、参考にしてみてください。

P/Lで生じた現金とのズレをC/Sで解消していく

損益計算書（P/L）

売上高	100,000
売上原価	70,000
売上総利益	30,000
販管費	20,000
営業利益	10,000
営業外収益	1,000
営業外費用	4,000
経常利益	7,000
特別利益	1,000
特別損失	1,000
税引前当期純利益	7,000
法人税	3,000
当期純利益	4,000

ズレ

キャッシュ・フロー計算書（C/S）

営業活動によるキャッシュ・フロー	
税引前当期純利益	7,000
減価償却費	1,500
固定資産除却損益	300
投資有価証券売却損益	△24
受取利息及び受取配当金	△200
支払利息	160
為替差損益	△280
売上債権の増減額	1,100
棚卸資産の増減額	△1,200
仕入債務の増減額	△1,100
その他	△700

ズレ解消

営業キャッシュ・フローの主な項目

項目	帳簿上の処理	金額のズレの原因	営業ＣＦでの調整
減価償却費	「減価償却費」として計上	代金を支払い終えた後も、費用として計上される	減価償却費分の金額を「プラス」する
売掛金（売上債権）	「売上」として計上	ツケで売った商品の代金を、まだ受け取っていない	受け取っていない金額を、売掛金の増加として「マイナス」する
棚卸資産	「売上原価」として計上	仕入れた原材料の金額（例：10万円）のうち、使った分の金額（例：7万円）しか費用として計上されない	使われなかった差額（例：3万円）は、在庫の増加として「マイナス」する
買掛金（仕入債務）	「売上原価」として計上	ツケで買った商品の代金（仕入代金）を、まだ支払っていない	支払っていない金額を、買掛金の増加として「プラス」する

②投資キャッシュ・フロー ⇨「将来に投資しているかどうか」がわかる

　2つ目は「投資活動によるキャッシュ・フロー（以下、投資ＣＦ）」です。

　投資活動とは、「固定資産や有価証券などを取得したり売却したりする」こと。つまり投資ＣＦは「会社の将来のためにどれだけ投資ができているか」を示しています。

　営業ＣＦに比べ、投資ＣＦが表していることはかなりシンプルです。投資ＣＦがプラスなら、土地や建物、有価証券などを売って現金を得ている、逆にマイナスなら、お金を払って、新たな固定資産を得ているということになります。

　主な項目は、右下の表のとおり。

　さて、ここでひとつ注意していただきたいのが、成長している会社の投資ＣＦは、通常「マイナス」になるということです。

　貸借対照表の項目を思い出してみてください。固定資産は「会社の筋肉」であり、売上を生み出す動力源でしたね（→P35）。

　投資ＣＦがマイナスであるということは、いわば血液（現金）を使って将来のために"筋トレ"をしている状態。現金は減りますが、新しい設備や工場などを手に入れることで、もっと強くて大きな体になろうとしている意思の表れなのです。

　逆に、投資ＣＦがプラスのときは、現金は増えますが、会社がもっていたビルや工場、株や債券は減っています。つまり筋肉を削って血液を作り出しているような状態です。

　事業と関係のない投資有価証券や不稼働資産を売却しているのであればさほど問題はありませんが、事業からの資金不足（営業CFのマイナス）を補うために資産を売っている場合は要注意。筋力が衰え、中長期的な業績に悪影響を与える危険性があります。

投資キャッシュ・フローの主な項目

有形固定資産	ビルや工場、機械設備などを売却したら「プラス」、購入したら「マイナス」
無形固定資産	営業権やソフトウェアなどを売却したら「プラス」、購入したら「マイナス」
有価証券	株や社債などの有価証券を売却したら「プラス」、購入したら「マイナス」

③財務キャッシュ・フロー ⇨「お金の貸し借りの様子」がわかる

3つ目は「財務活動によるキャッシュ・フロー（以下、財務ＣＦ）」です。

財務ＣＦは、「会社がどれだけお金を借り、どれだけお金を返したか」を示しています。ここには銀行からの借入や返済のほかに、株式や社債の発行（償還）、配当金の支払いによる現金の出入りも含まれます（→右下表）。

財務ＣＦが「プラス」になる例をみてみましょう。これは銀行からお金を借りたり、株式を発行したりして、現金を得ている状態。

人の体に例えると、血液不足を補うために輸血をしている状態といえます。輸血というとピンチなイメージですが、必ずしも「悪」とはいい切れません。Ｐ35でも説明したとおり、会社によってはより素早く、効率的に大きな体をつくるための原動力として、あえて借金をしている場合があるからです。

財務ＣＦがプラスの場合、それが事業の不振によるものなのか（営業ＣＦのマイナスを補うためか）、成長を加速させるためのものなのか（投資ＣＦがマイナスになっているか）、背後をよくみた判断が大切です。

一方、財務ＣＦが「マイナス」のときは、たいてい銀行にお金を返したり、社債を償還して、負債を減らしている状態。いわば、十分な血液をつくり出せているので、献血をしている状態です。会社の業績が好調で、余裕ある経営ができているケースが多いでしょう。

ただしこれも、業績不振による信用低下で新たな借入ができない一方で、今ある負債を返済しなくてはならず、マイナスになっている、というケースもあるので注意が必要です。

そして、キャッシュ・フロー計算書では、最後にこれら3つのＣＦの合計額を算出し（→Ｐ40④）、期首時点の現金額（同⑤）と合算することで、現在（期末時点）の現金額（同⑥）を導きます。

財務キャッシュ・フローの主な項目

銀行からの借入・返済	銀行からお金を借りたら「プラス」、お金を返したら「マイナス」
社債の発行・償還	社債を発行して資金を得たら「プラス」、償還（返済）したら「マイナス」
株式の発行・取得	株式を発行して資金を得たら「プラス」、自己株式を取得（自社株買い）したら「マイナス」
配当の支払い	株主に配当金を支払ったら「マイナス」

超速！まとめ
①営業ＣＦは「プラス」なほど「事業で稼げている」
②投資ＣＦは「マイナス」なほど「将来に投資している」
③財務ＣＦは「マイナス」なほど「現金が潤沢で余裕がある」

基礎 07 財務三表のつながりを理解しよう

3つの表の関係が一瞬でわかる

ズバリ要点！　財務三表をつなげてみると、会社の「ストーリー」がみえてくる

損益計算書（P/L） （百万円）

売上高	100,000
売上原価	70,000
売上総利益	30,000
販売費及び一般管理費	20,000
営業利益	10,000
営業外収益	1,000
営業外費用	4,000
経常利益	7,000
特別利益	1,000
特別損失	1,000
税引前当期純利益	**7,000**
法人税など	3,000
当期純利益	**4,000**

キャッシュ・フロー計算書（C/S） （百万円）

営業活動によるキャッシュ・フロー	
税金等調整前当期純利益	**7,000**
減価償却費	3,000
⋮	
営業活動によるキャッシュ・フロー	10,000

投資活動によるキャッシュ・フロー	
有形固定資産の取得	△5,000
投資有価証券の取得	△1,000
⋮	
投資活動によるキャッシュ・フロー	△7,000

財務活動によるキャッシュ・フロー	
長期借入金の返済	△1,000
配当金の支払い	△1,000
⋮	
財務活動によるキャッシュ・フロー	△2,000

現金及び現金同等物の増減額	1,000
現金及び現金同等物の期首残高	14,000
現金及び現金同等物の期末残高	**15,000**

①　税引前当期純利益

②　現金増減

貸借対照表（B/S） （百万円）

資産		負債	
流動資産		流動負債	
現預金	**15,000**	買掛金	15,000
売掛金	5,000	短期借入金	5,000
商品	6,000	その他	6,000
その他	2,000	固定負債	4,000
固定資産		長期借入金	
有形固定資産		その他	
建物	20,000	負債合計	30,000
機械	25,000		
土地	15,000	純資産	
無形固定資産		株主資本	
ソフトウェア	5,000	資本金	20,000
投資有価証券	7,000	資本剰余金	20,000
資産合計	100,000	**利益剰余金**	**30,000**
		純資産合計	70,000
		負債・純資産合計	100,000

現金等 → ③　利益剰余金

まずはコレだけ！ 各表の関連性を知ることが、分析の基本

上の図①②③のように、各表は、ほかの2表と相互に結びついている。表単体でみるのではなく、3つの表（財務三表）を関連づけて読むことで、より正確な分析ができる。

表のつながりを直感的に理解する3つの接点

ここまで、損益計算書、貸借対照表、キャッシュ・フロー計算書の3つの表の仕組みと読み方をみてきました。それぞれの特徴は概ね理解できたと思いますが、**財務三表の"つながり"を理解すれば、さらに深く会社の実像を分析できるようになります。**

その詳しい方法は3章以降に譲りますが、3表がどのようにつながるのか、ここまでの復習も兼ねて一例をみていきましょう。

①「P/L」と「C/S」のつながり

最初は、損益計算書とキャッシュ・フロー計算書です。これは43ページで説明したとおり。キャッシュ・フロー計算書では、損益計算書の<u>税引前当期純利益</u>から、減価償却費や売上債権など、実際の現金の動きとズレが生じる部分を1つ1つ調整することで、手元に残る正確な現金額を計算していくのでしたね。

②「B/S」と「C/S」のつながり

キャッシュ・フロー計算書によって明らかになった現金額（「<u>現金及び現金同等物の期末残高</u>」）は、貸借対照表の資産の部の「<u>現金及び預金</u>」の項目に反映されます。会社によって現金同等物の扱いが多少異なるため、完全には一致しませんが、通常2つの項目は、ほぼ同じくらいの金額になります。

③「P/L」と「B/S」のつながり

最後は、損益計算書と貸借対照表です。

2つの表をつなぐキーワードは、ずばり「利益」。損益計算書の「<u>当期純利益</u>」と貸借対照表の純資産の中の「<u>利益剰余金</u>」を結びつけて考えてみましょう。

当期純利益から株主に対する配当金が支払われることは説明しました（→P31）。しかし全額が配当金になるわけではありません。**当期純利益から配当する分を差し引いて余ったお金は、会社の内部に蓄えられます（内部留保）。**つまり利益剰余金となるのです。

利益剰余金が増えれば、純資産も自然と増えます。さらに純資産を含む元手（貸借対照表の右側）が増えれば、それに伴って資産（左側）も増えるはずです。

この一連の流れを人の体に例えると、「たくさん運動して（売上を増やして）成果（利益）を出すほど、骨太でたくましい体に成長していく（資産が増えていく）」ということになります。

いかがですか。3表をつなげてみると、今まで個別にあったイメージが結びつき、ひとつの「ストーリー」として浮かびあがってきませんか。このように**「数字の裏側に潜むストーリーを読み取る」**ことこそ、**決算書分析の神髄**といえるのです。

次の章から、その手法に迫ってみましょう。

超速！まとめ

① 財務三表には、さまざまな"接点"がある
② 各表を単体で読んでも、会社の実態はみえてこない
③ 数字からストーリーを読み取ることが、分析の神髄！

課外Lesson 知っておきたい会計知識②

外国企業の決算書にチャレンジ！

　２章では、財務三表の読み方を学んできましたが、興味のある方はぜひ外国企業の決算書も読んでみましょう。「英語の決算書なんて無理……」と思われるかもしれませんが、財務三表の基本的な構造や項目は、日本基準の決算書とほぼ同じ。会計の世界で使われる基本的な英単語の意味さえわかれば、ある程度の決算分析をすることはできるのです。

　近年はグローバル化が進み、国内にも外国資本の会社が多数あります。また、普段の生活でもＧＡＦＡ[※1]をはじめとした外国企業の商品やサービスの重要度は増す一方。以下に、外国企業の決算書を読むための基本をまとめましたので、ぜひ活用してみてください。

【決算書の入手方法】「外国企業名（英語）　IR」[※2]でインターネット検索し、企業サイトの「Financial Data（財務データ）」のページを閲覧。そこから「Form 10-K（年次決算報告書）」と「Form 10-Q（四半期決算報告書）」がダウンロード可能。なお、「EDGAR」[※3]というサービスを使えば、アメリカ企業の10-K、10-Qをまとめて収集・閲覧できます。

【決算書の基本構造】日本の決算短信と同じく書式があり、大きく４つのPartに分かれています。特に重要なのはPart 1とPart 2。Part 1には、事業の概要や製品情報、競合の状況、従業員数、経営者一覧、事業にかかるリスクなどが説明されています。Part 2には、財務三表が掲載されているほか、製品別、地域別のセグメント情報（区分別の情報）や、一株当たり情報なども記載されています。

覚えておきたい！ 財務三表で使われる主な英単語

損益計算書 (profit and loss statement)[※4]		貸借対照表 (balance sheet)		キャッシュ・フロー計算書 (cash flow statement)	
売上高	sales	流動資産	current assets	営業CF	cash flows from operating activities
売上原価	cost of sales	有価証券	securities	売掛金	accounts receivable
売上総利益	gross income	棚卸資産	inventories	買掛金	accounts payable
販売費及び一般管理費	selling, general and administrative expenses	有形固定資産	property, plant and equipment	減価償却費	depreciation and amortization
営業利益	operating income	流動負債	current liabilities	投資CF	cash flows from investing activities
営業外収益(費用)	non-operating income (expense)	借入金	debt	財務CF	cash flows from financing activities
税引前当期純利益	income before taxes	株主資本(純資産)	shareholders' equity	支払利息	cash paid for interest
法人税等	income taxes	普通株式	common stock	配当金支払	dividends paid
当期純利益	net income	余剰金	retained earnings	現金及び現金同等物	cash and cash equivalents

※1 Google、Apple、Facebook、Amazonの4社のこと。「ＧＡＦＡ」はその頭文字
※2 IRは「Investor Relations」の略で「投資家向け情報」の意味
※3 米国証券取引委員会（SEC）によるアメリカの有価証券報告書の開示システム。誰でも自由にアクセス可能で、利用は無料
※4 アメリカではincome statementが一般的

分析（収益性）

第3章

会社の「収益性」はココをみる

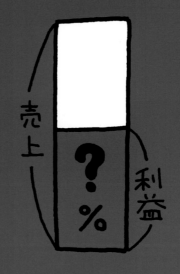

分析 01 (収益性)　決算書分析って、どうやればいいの？

決算書を読み解く 4つの分析方法をマスター！

ズバリ要点！　割合や過去、同業他社と比べてみる！

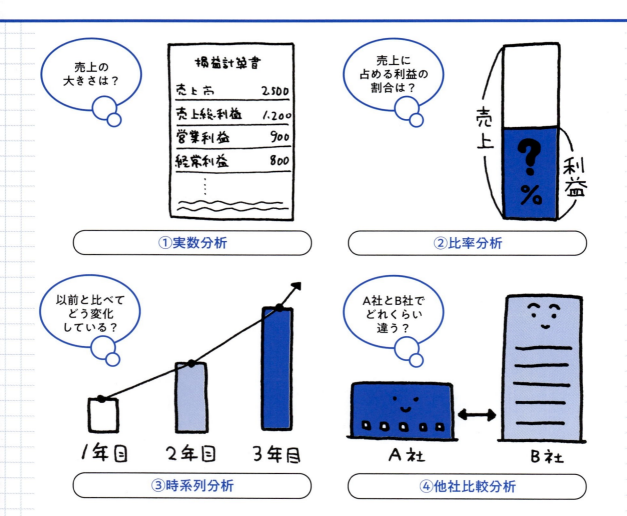

① 実数分析　② 比率分析　③ 時系列分析　④ 他社比較分析

4つの分析方法を「組み合わせる」のがポイント

慣れてきたら、各分析を組み合わせると、さらに良い。例えば、「比率分析」と「時系列分析」を組み合わせると、「A社の売上は、過去5年間で年平均3％上昇している」など、よりマクロな視点から分析できるようになる。

決算書分析の基本は、3つの「視点」と4つの「方法」

3章からは、いよいよ決算書の具体的な分析方法を紐解いていきます。

決算書を分析するうえで、まず大切になるのは"分析する視点"をもつこと。

みるポイントは、次の3つでしたね（→P20）。

- **収益性**（儲かっているか？）
- **安全性**（倒産しないか？）
- **成長性**（今後、大きくなるか？）

この3つの視点（疑問）をそれぞれ明らかにすることで、決算書から会社の実態が立体的に浮かびあがってきます。

では、実際にどうすれば決算書の数字から知りたい情報を得られるのでしょうか。

決算書の分析には、主に次の4つの分析方法が用いられます。

①実数分析

決算書にある**実際の数値（金額）をみて、会社の経営状況を判断する分析方法**です。

売上や資産などの金額の大小をみることで、その会社が「どれくらいの規模なのか」が判断しやすいといえます。

②比率分析

いくつかの数字を組み合わせることで「割合（％）」を導き出して分析する方法です。

例えば、1億円の売上のうち、売上原価が6000万円だとしたら、売上に占める利益の割合（粗利率）は40％といえます（→P54）。このように割合を出すことで、額面上の数字（実数分析）からは判断できない経営の実態を、より直感的に把握できるのです。

③時系列分析

過去の数値と比較し、数値があがっているか、下がっているかをみて、経営状態を分析する方法です。以前の成績を参考にすることで、その会社が上り調子にあるのか、そうでないのかを長期的な視点から判断できます。

また、今までと比べて好調な点や不調な点などをわかりやすく見抜くこともできます。

④他社比較分析

同業他社の決算書の数値と比較することで、会社の経営状態を分析する方法です。

例えばA社の売上が前年に比べ10％伸びていても、ライバルのB社が40％伸びていたなら、「A社は成長している以上に、B社にシェアを奪われている可能性がある」といった見方ができます。他社と比較することで、その会社が業界内でどの位置にいるのかがイメージできるのです。

以上の4つが、決算書分析の基本です。まずは特徴だけ覚えておいてください。

超速！まとめ
① 分析手法には「実数」「比率」「時系列」「他社比較」の4つがある
②「実数」では会社の規模、「比率」では経営の実態がわかる
③「時系列」では好・不調、「他社比較」では業界内での位置付けがわかる

分析02（収益性） 会社の「収益性」は、どうやってわかる？①

収益性の分析①
「売上高利益率」をみる！

 売上に対する「各利益の割合」をみるのが基本！

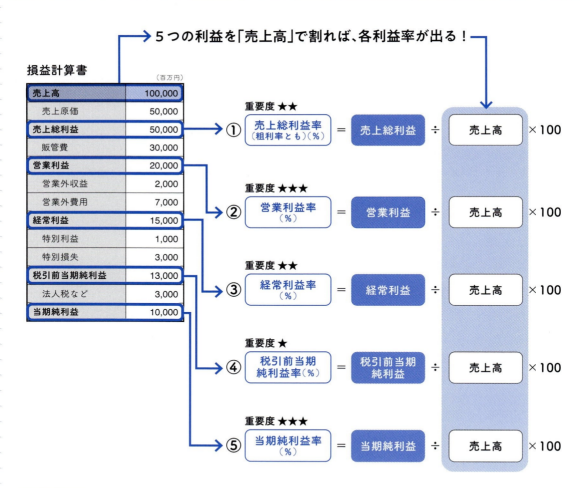

5つの利益を「売上高」で割れば、各利益率が出る！

損益計算書 （百万円）

売上高	100,000
売上原価	50,000
売上総利益	50,000
販管費	30,000
営業利益	20,000
営業外収益	2,000
営業外費用	7,000
経常利益	15,000
特別利益	1,000
特別損失	3,000
税引前当期純利益	13,000
法人税など	3,000
当期純利益	10,000

① 重要度★★　売上総利益率（粗利率とも）(%) = 売上総利益 ÷ 売上高 × 100

② 重要度★★★　営業利益率(%) = 営業利益 ÷ 売上高 × 100

③ 重要度★★　経常利益率(%) = 経常利益 ÷ 売上高 × 100

④ 重要度★　税引前当期純利益率(%) = 税引前当期純利益 ÷ 売上高 × 100

⑤ 重要度★★★　当期純利益率(%) = 当期純利益 ÷ 売上高 × 100

5つの利益率から会社の収益性がみえてくる
売上に対するそれぞれの「利益の割合（利益率）」を出せば、その会社が「どの領域（方法）」で、「どれだけの収益を得ているか」がわかる。特に「営業利益率」と「当期純利益率」は重要。

収益性の分析は「比率分析」が基本

3〜5章では、決算書を読み解くうえで重要な"3つの視点"に従い、実際の分析方法をそれぞれ説明していきます。

はじめは「収益性」の分析です。

収益性とは「会社がどれだけ稼げているか」ということ。それを測る方法はいくつかありますが、まずは「売上に対してどれだけ利益が出ているか（売上高利益率）」をみていきます。売上高利益率の算出に必要な情報はすべて損益計算書に書かれています。

ここで思い出してください。損益計算書に書かれている利益は合計5つありましたよね（→P24）。同じように、売上高利益率も5つあります。計算が大変そうに感じますが、まったくそんなことはありません。左に示したとおり、それぞれの利益を売上高で割れば、自然と5つの利益率が導き出されます。

これらの利益率から、会社が「どれだけ効率的に収益をあげられているか」や「収益をあげるための戦略」などがみえてくるのです。

比率分析を行う2つのメリット

利益率をみる具体的な方法は次のページから説明しますが、その前に、そもそもなぜ利益"率"を出す必要があるのでしょうか。

比率分析を行うメリットは、大きく2点あります。

1つ目は、実数分析では見落としがちな点に気付かせてくれるということ。例えば、ある会社の売上が1年目は1億円、2年目は2億円だったとします。一方、売上原価をみると、1年目は2000万円だったのに対し、2年目は6000万円になっていました。ここから粗利を計算すると1年目は8000万円、2年目は1億4000万円と、利益は1.75倍に増えています。一見、順調そうに思えます。

ところが「売上総利益率（粗利率）」を計算すると、1年目は80％だったのに対し、2年目は70％。つまり粗利だけをみれば、"収益性はむしろ下がっている"といえるのです。これは実数分析では、わからない情報です。

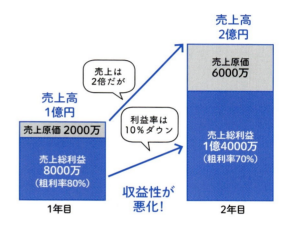

また、比率分析をする理由の2つ目に、規模の異なる会社同士でも、比較的正確に収益性を比べられるという利点があります。

例えば、売上が1000億円のA社と10億円のB社の場合、実数で利益を比べれば当然A社のほうが圧倒的です。しかし利益率では、金額の大小は関係なくなるため、両社の収益性をより公平に比べられます。つまり会社の規模に関係なく「どちらがより効率的に利益をあげられているか」が判断できるのです。

このように利益率を出すことで、実数ではできないさまざまな比較検討が可能になります。では、次のページから、各利益率からわかることを詳しくみていきましょう。

① 売上総利益率（粗利率） ⇨ 商品の付加価値の高さがわかる！

　最初は「売上総利益率（粗利率）」です。

　売上総利益率は、「売上に占める売上総利益（粗利）の割合」です。一方で「売上に占める売上原価の割合」を原価率といいます。

　例えば、A社が100円のパンをつくるのに20円の売上原価がかかったら、売上総利益率は80％、原価率は20％になります。

　さて、この売上総利益率からは、その会社の商品（モノやサービス）の「付加価値」の高さがわかります。この付加価値とは、何を表しているのでしょうか。

　先のパンの例で考えてみましょう。A社は100円のパンを作るのに、20円の売上原価（費用）を支払いました。この費用は、小麦粉などの材料費や水道光熱費などで、いわば「他社から購入した価値」といえます。

　そしてA社は、この他社から購入した価値（20円）に、新たに80円分の利益（価値）を乗せた商品を作りました。この新たに付け加えられた80円こそが、A社の商品の付加価値です。つまり付加価値とは、「自社の資源や技術を使って、新たに生み出した価値」とい

えます。

　これは言い換えれば、売上総利益率が高いほど、「付加価値が高い商品を提供できている」ということです。例えば、アップル社のiPhoneのように、独創性の高い製品は、付加価値が高いため、他社製品より価格が高くても売れます。付加価値が高ければ、利益も大きくなり、収益性も高まるのです。

　一方、同業他社と品質が同じか、劣っていれば、商品の価格を下げて数を売る「薄利多売型」の戦略をとらざるを得ません。価格を上げれば売上総利益率はあがりますが、それで商品が売れなければ元も子もありません。

　このように売上総利益率の水準は、会社の規模や技術力の高さのほか、販売戦略（業態）や業種によって大きく異なります。

　ちなみに産業別の売上総利益率をみると、製造業は20％程度、小売業は28％程度が平均値です。また同じ製造業でも、医薬品製造業は46％程度であるのに対し、食料品製造業は25％、繊維工業は20％、鉄鋼業は10％程度と差が大きいのが実情です[※]。

※ 2018年度の平均値。経済産業省『2019年企業活動基本調査確報－平成30年度実績－』を参照

② 営業利益率 ⇨ 事業で儲ける力がわかる！

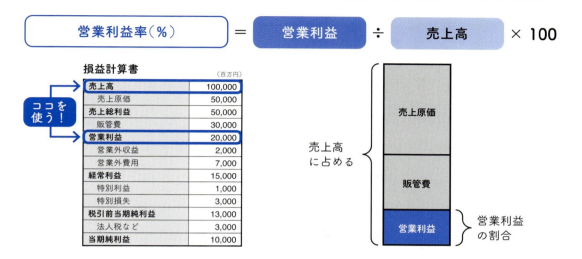

2つ目は「営業利益率」です。

営業利益率は、「売上に占める営業利益の割合」で、売上から商品を売るために必要な費用（販管費）を差し引いた後の利益率です。

28ページで説明したとおり、営業利益は事業活動にかかわるすべての費用を引いた後の利益であるため、その大きさの割合を表す営業利益率は、「会社が本業で稼ぐ力」を判断する指標といえます。営業利益率が高ければ、会社の経営が上手くいっている証拠、つまり事業の収益性が高いといえるでしょう。

ちなみに日本企業の営業利益率の平均値は、製造業で約3.6％、小売業で2.6％となっています※。業界平均よりも高い営業利益率をあげられていれば、優秀な経営ができているといえるでしょう。

さて、この営業利益率に大きな影響を与えるのが、販管費です。例えば、製品を売るために多額の広告宣伝費を投入するなど、販管費が膨らむほど営業利益率は下がります（ただし広告宣伝費が上昇している場合は、それが新製品の認知度を高めるためなのか、販売に苦戦しているためなのか、理由を探ることが大切です。例年に比べ、大きな変動のある費用については、決算書の「注記事項」に理由が書かれている場合があります）。

また、大手製薬会社などは、新薬の開発を行うため、膨大な研究開発費を投入しています。今までにない画期的な薬を生み出し、製品の付加価値を高めることで、販管費が膨らんでも十分な利益を確保できるのです。

このように営業利益率には、各会社が商品を売って利益を得るための「販売戦略」の結果が加味されます。

一般的に、高付加価値の商品を販売する会社（業種）ほど、商品の開発やブランディングにお金がかかるため販管費が膨らみ、売上総利益率に比べて営業利益率が大きく下がります。一方で、薄利多売型の会社（業種）ほど、販管費は抑えられ、売上総利益率と営業利益率の差は小さくなります。

他社比較分析を行う際、我々プロは、業態ごとの差がより少なく、事業からの収益性がわかる営業利益率を重視します。

※ 2019年度の平均値。経済産業省『2020年経済産業省企業活動基本調査速報（2019年度実績）』を参照

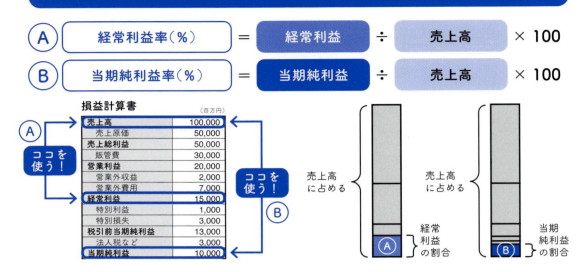

3つ目は「経常利益率」です。

経常利益率は、「売上に占める経常利益の割合」です。経常利益とは、「ヒト」「モノ」「カネ」の「カネ」の部分、つまり財務活動に関連する損益（営業外損益）まで加味した利益のことでした。従って経常利益率からは、通常（経常的に）発生する事業活動から会社が生み出す利益の水準がわかるのです。

一方で、経常利益率からは、その会社の財務体質も透けてみえてきます。例えば、営業利益率に比べ、経常利益率が大きく下がっている場合、「営業外の部分で多額の費用が発生している」と判断できます。その原因は、銀行に対する支払利息、つまりその会社は「多額の借金をしている」と推測できるのです。このことは、貸借対照表の負債の部を合わせて確認すれば一目瞭然となります。

このように借入金に大きく依存している会社と、無借金で余剰資金を運用している会社とでは、経常利益率に大きな差が生じます。例えば、鉄道や電力などのインフラ関係の業種は借入依存度が高く、利払い額も大きくな

るため、営業利益率と経常利益率を比べると、大きく数値が下がっています。

そして最後は「当期純利益率」です。

当期純利益率は、「売上に占める当期純利益の割合」で、会社の最終的な儲けの水準を表す重要な数字。いわば、その期における会社の業績の結論部分です。

注意したいのは、特別損益（→P31）など一過性の要因も含まれるため、期によって数値が大きく変動する場合があるということです。例えば、実力のあるランナーでも、たまたま競技中に筋肉痛や肉離れを起こして最下位になってしまうことがありますよね。

同じように、その期の当期純利益率が低水準でも、それは会社本来の実力を反映していないかもしれません。そこで会社本来の実力を測るためには、単年度だけでなく、過去数年分の数値と比較して、時系列分析を行うことが大切です。

なお、税引前当期純利益率との違いは税金だけなので、最終的な数値であるこの当期純利益率をみれば十分です。

56

A社の損益計算書
（百万円）

	2020年度	2021年度
売上高	10,000	12,000
売上原価	6,000	7,600
売上総利益	4,000	4,400
販管費	3,000	3,300
うち広告費	700	720
うち開発費	600	600
営業利益	1,000	1,100
営業外損益	−300	−330
経常利益	700	770
税金等	280	308
当期純利益	420	462

Q.1 A社の損益計算書から「売上総利益率」の変動を計算してみよう。

A 計算の答え
売上総利益率（粗利率）は、「売上総利益÷売上高」で求められる。この数値を、20年度と21年度で比較すれば変動の大きさがわかる。20年度の売上総利益率は「4000÷10000」で40.0％。21年度の売上総利益率は「4400÷12000」で36.7％。従って、A社の売上総利益率は、前期比で3.3ポイント低下している。

分析のコツ！
売上高と売上総利益は、実数でみれば増収増益になっているのに、比率分析をすると収益性が下がっている点に注目。売上総利益率が下がっているということは、原価率があがっているということだ。その原因としては、原料費があがったことや、商品の販売単価が下がったことなどが考えられる。いずれにせよ、商品の付加価値を生み出す力が低下していることに注意したい。

Q.2 A社の損益計算書から「営業利益率」の変動を計算し、その主な要因を考えてみよう。

計算の答え
営業利益率は、「営業利益÷売上高」で求められる。20年度の営業利益率は「1000÷10000」で10.0％。21年度の営業利益率は「1100÷12000」で9.2％。従って、A社の営業利益率は、前期比で0.8ポイント低下している。

分析のコツ！
営業利益率は前期に比べ下がっているが、Q.1で算出した売上総利益率よりも、下げ幅が和らいでいる。その要因は、販管費比率の低下だ。20年度は30.0％だが、21年度は27.5％となっており、広告費や開発費などの経費を抑制していることがわかる。しかしこれらは事業の競争力を高めるためには必要な経費であり、将来の競争力への影響が心配される。

---

①利益同様、売上高利益率も5つある
②実数だけでなく、「率」でみることが大切
③時系列分析や他社比較分析で利益率を比べてみる

分析 03（収益性）　会社の「収益性」は、どうやってわかる？②

収益性の分析②
「総資産利益率(ROA)」をみる！

ズバリ要点！　「資産」を活用して、どれだけ儲けられているか（資産の活用具合）をみる

経営活動の流れ

ここの効率性をみるのが ROA

債権者／株主 → お金を集めて（資本）→ 必要な設備を買い（資産）→ 商品を作って売って（売上）→ 利益を出す（利益）

還元／再投資

$$総資産利益率(\%)(ROA) = \frac{利益（当期純利益）}{資産} \times 100$$

P/L（当期純利益）ココを使う！　B/S（資産合計）

まずはコレだけ！

ROAで「経営活動の効率性」がわかる

会社の経営活動は「資本（自己資本＋負債）→資産→売上→利益」という一連の流れによって成り立っている。「総資産利益率(ROA)」は、このうち「資産→売上→利益」のサイクルの効率性を表し、「資産を活用して、どれだけ利益を得られたか」がわかる。

運動成果と体の大きさを比べてみる

ここまでは損益計算書の情報から、売上高利益率の分析方法をみてきました。しかしこれだけでは、**じつは会社の収益性の一部分しかわかりません。**なぜなら会社の体の大きさ、つまり資産の部分を一切みていないからです。

例えば、AさんとBさんが同じ50mプールをまったく同じタイムで泳いだとします。これだけなら2人とも同レベルの実力に思えますが、Aさんが身長180cmの大人で、Bさんが身長150cmの子どもだったとしたら、いかがでしょうか。Aさんは、体格の違いによるアドバンテージを生かしきれていないということになりますよね（→P17）。

同じように会社の収益性も、**運動成果だけをみるのではなく、運動の成果（利益）とそれを生み出している体の大きさ（資産）を比べる**ことで、「どれだけ効率的に収益をあげられているか」が、よりはっきりとわかります。

このように「**資産に対してどれだけの利益を得られたか**」を表す指標のことを「**総資産利益率（ＲＯＡ**＝Return on Assets）」といいます。いわば資産の有効利用の度合です。

ＲＯＡは、「**利益÷資産**」によって求められ、分母となる資産は**貸借対照表の左側にある「資産」の合計額**を、分子となる利益には損益計算書の「**当期純利益**」を用います（ただし、算出の目的によっては「経常利益」や「税引前当期純利益」を用いる場合もあります）。

ＲＯＡをみれば経営の上手さがわかる

ＲＯＡがなぜ重要なのか、経営者の立場になって考えてみましょう。

左ページの図は、会社の経営活動の一連の流れを表したものです。まず経営者は、株主や債権者からお金（**資本**）を集めて、それを元手に事業に必要な設備や材料など（**資産**）を購入します。そしてそこに付加価値をのせて商品として販売し、その**売上**から**利益**を確保して、債権者には「金利」と「元本」を、株主には「配当」で富を還元します。そのうえで残った利益は、再び資産の購入に使われ（**再投資**され）、資産を拡大することでさらに売上と利益を大きくしていきます。

このように経営者のミッションは、「**集めたお金（資本）を活用して、いかに最大限の利益を生み出せるか**」にあり、その効率性（経営の上手さ）を表した指標がＲＯＡなのです。

投資家や分析のプロがＲＯＡを重要視するのはこのためで、**ＲＯＡが高いほど上手に資産を活用して利益を得られている**といえます。

小さな資産（体つき）で
大きな利益を出すほどROAは高まる

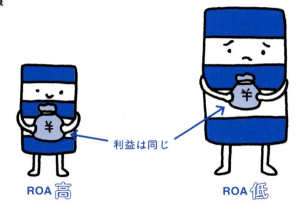

ROAを2つに分解して数値の原因を探る

ROAは、さらに2つに分解することで、より深い経営分析ができるようになります。

先ほどの経営活動の流れを思い出してください。ROAは「資産→売上→利益」のサイクルの効率性を表すものでした。これを「資産→売上」の部分と「売上→利益」の部分の2つに分解して考えてみましょう。

「資産→売上」の部分は「資産に対する売上の割合」を表し、これを「総資産回転率」といいます。総資産回転率をみれば、資産からどれだけ売上を生み出せているかがわかります。

人に例えると、体の大きさに対してどれだけ運動ができているかというイメージで、総資産回転率が高いほど、運動量が豊富であるといえるでしょう。

一方、「売上→利益」は、52～57ページで説明した「売上高利益率」を表します。

これは人に例えると、運動量がどれほど結果につながっているかを表しており売上高利益率が高いほど動きにムダがないといえます。

このようにROAを2つに分解すれば、数値が高かったり低かったりする原因が、「資産→売上」を生む過程にあるのか、それとも「売上→利益」を生む過程にあるのかが判断できます。言い換えれば、運動成績が悪い場合、大きい体の割に運動量が少ないのか、運動量はあるが動きにムダが多いのか、その原因がわかるのです。

ちなみに、日本の企業は、欧米の企業に比べて回転率よりも利益率が低いという傾向があります。差別化が不十分で、似たような商品やサービスでしのぎを削っている会社が多いためと考えられます。

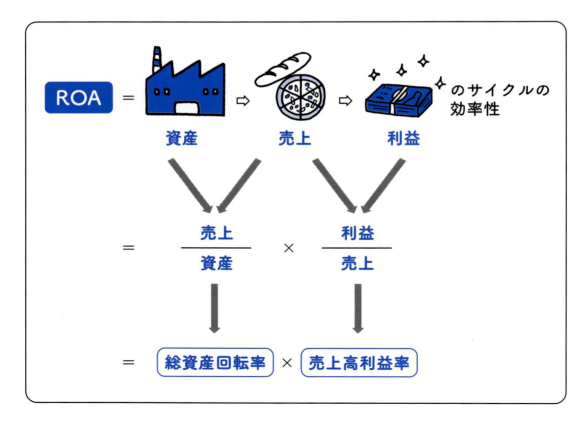

会社の安全性や成長性を測る指標にもなる

先ほどは経営者の立場からROAをみてみましたが、投資家や従業員など、そのほかのステークホルダーにとっては、どんな意味をもつのでしょうか。

ROAは、サイクルの見方を変えれば、利益によって資産が増えるスピードを表します（利益→資産→売上→利益…）。つまりROAが高い企業は、資産から生み出される売上や利益の成長が早いということです。

これは投資家からすれば「**積極的な投資により成長が期待できる会社**」と判断できます。また、債権者にとっては、貸付金が返済される確実性が高いと判断できます。

同じように従業員からすれば、ROAが高い会社は「**倒産の危険が低く、給与アップも期待できる会社**」と考えることができます。

このように**ROAは、会社の収益性だけでなく、安全性（→第4章）や成長性（→第5章）とも深く関連している**のです。

さらに、資本を集めて事業を行うというビジネスの本質はどの会社も同じであることから、**ROAは業種だけでなく、国内外を問わず世界中の会社の実力を測れるグローバルな指標**といえます。

なお日本の上場企業の場合、ROA（経常利益ベース）の平均値は5％前後で推移しており、欧米企業に比べて半分程度です。

B社の決算書データ
（百万円）

	2020年度	2021年度
売上高	10,000	12,000
当期純利益	500	550
総資産	8,000	10,000

Q.3
B社の「ROA」を計算し、その変動要因を分析してみよう。

A 計算の答え
ROA（総資産利益率）は、「当期純利益÷総資産」で求められる。20年度のROAは「500÷8000」で6.3％。21年度のROAは「550÷10000」で5.5％。従って、B社のROAは、前期比で0.8ポイント低下している。

分析のコツ！
ROA低下の原因を探るには、「総資産回転率」と「売上高利益率」の2つに分けて考える。それぞれの20年度と21年度の数値を比較すると、総資産回転率は1.25から1.2へ、売上高利益率は5.0％から4.6％へ、いずれも低下していることがわかる。つまりB社は、体（資産）は大きくなったが、それに見合った売上と利益を出せていないといえる。

超速！まとめ
①ROAをみれば、経営活動の効率性（上手さ）がわかる
②ROAは「総資産回転率」と「売上高利益率」の2つに分解できる
③ROAは、安全性や成長性も測れるほか、業種や国を問わず使える

分析(収益性) 04　会社の「収益性」は、どうやってわかる？③

収益性の分析③
「自己資本利益率(ROE)」をみる！

ズバリ要点！　「自己資本」を活用して、どれだけ儲けられているかをみる

経営活動の流れ

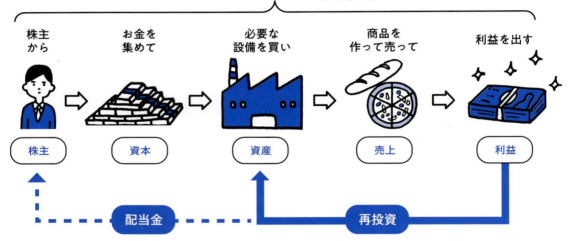

ここの効率性をみるのがROE

株主から → お金を集めて → 必要な設備を買い → 商品を作って売って → 利益を出す

株主 → 資本 → 資産 → 売上 → 利益

配当金／再投資

$$自己資本利益率(\%)(ROE) = \frac{利益（当期純利益）}{自己資本（純資産）} \times 100$$

ROEで「株主に対する見返りの大きさ」がわかる

「自己資本利益率(ROE)」は、「自己資本→資産→売上→利益」のサイクルの効率性を表し、「自己資本の活用具合」がわかる。ROEの数値が高いほど、株主が投資したお金をうまく使って利益をあげている、つまり「株主にとって見返りの大きい会社」といえる。

株主はROEの数値で会社の収益性を判断する

資金提供者のうち、特に「株主の視点」に特化した指標があります。それが「自己資本利益率（ＲＯＥ＝Return on Equity）」です。

先のＲＯＡでは資産に対する利益の大小をみましたが、ＲＯＥでは、株主から集めたお金に対する利益の大きさをみます。

株式会社という仕組みの本質に則れば、会社の所有者は経営者ではなく、株主です。従って、株式会社の最大の目的は、会社を所有する人（＝株主）の利益を最大化することといっても過言ではありません。つまり株主からみれば、「自分が出資したお金を活用して、どれだけ大きな利益を生み出せるか」が、会社を評価する最大のポイントといえます。

ＲＯＥは、「利益÷自己資本（純資産）」によって求められます※。分母となる自己資本には、一般的には貸借対照表の「純資産」の中の「株主資本額」が使われます。また、分子となる利益には、損益計算書の「当期純利益」を用います。

先ほどみたＲＯＡの計算には、株主から集めたお金以外に、銀行などから借りた「負債」も含まれていましたが、ＲＯＥでは自己資本（純資産）に限定することで、「株主に帰属するお金を使って、どれだけ効率的に利益を出せたか」を測ることができます。

ＲＯＥが高いほど見返りが大きい

ＲＯＥは、株主などの投資家にとって、投資先の会社を決めるうえでの重要な指標となります。ＲＯＥの数値が高いほど、投資した資本に対して効率よく利益を出している、つまり「株主に対してより多くの見返りを与えている会社」といえるからです。

日本の企業をみてみると、東証一部の全業種のＲＯＥの平均値は6.3％となっています（2020年3月期決算短信集計より）。また、過去のデータをみると、5〜10％で推移しています。あくまで目安ですが、ＲＯＥが10〜15％あれば、株主にとって見返りの多い優秀な会社であるといえるでしょう。

投資家は、株主資本を上手に使って、より効率的に利益を生み出せそうな会社を複数の業種の中から探し出します。ＲＯＥは、そのための重要な判断材料であり、ＲＯＡと同じく、業種を越えて投資先を比較検討できる便利な指標なのです。

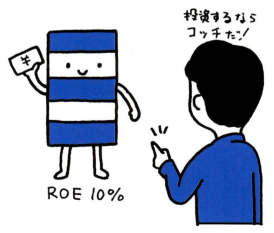

※ 厳密には、短信では分母に「株主資本」を、分子に「親会社帰属利益」を使用します

ROEが高ければ
すべていいわけではない

さて、ここまでの説明を聞くと、皆さんが投資家だったら、1％でもROEの高い会社に投資したいと思われるのではないでしょうか。

その判断は間違っていませんが、ただし注意が必要です。**ROEが（同業他社に比べ）異常に高い会社には、表面からはみえない、カラクリが潜んでいる場合がある**からです。

その仕組みをみてみましょう。62ページ下に示したとおり、ROEは「自己資本→資産→売上→利益」のサイクルの効率性を表したものです。このうち「資産→売上→利益」の流れは、すでにみましたね。そう、ROAです（→P58）。このROAのサイクルに「自己資本→資産」の要素を加えたものが、ROEです。

さらに細かく分解していきます。ROAのうち、「資産→売上」は総資産回転率を、「売上→利益」は売上高利益率を表しました（→P60）。では新たに加わった「自己資本→資産」の要素は、何を表すのでしょうか。

端的にいうと、これは**負債の大きさ、つまり借金の大きさを表しています。**

貸借対照表を思い出してください。表の左側と右側の合計額は必ず一致する、つまり「資産＝負債＋純資産」でしたね。

先ほどの「自己資本→資産」の要素は、「**資産のうち、どれだけの金額を自己資本（純資産）から調達できているか**」を表します。

これは裏返せば、「資産のうち、どれだけの金額を他人資本（負債）によってまかなっているか」を意味することにお気づきでしょうか。つまり**自己資本の大きさを考えることは、他人資本である負債の大きさを考えることとイコールであり、自己資本の割合が大きいほど負債は小さく、自己資本の割合が小さいほど負債は大きくなる**といえます。

このような**資産における負債の依存度（活用度）**のことを、専門用語で「**レバレッジ**」といいます。レバレッジとは、「てこ」という意味です。これは自分の力（自己資本）が小さくても、てこ（負債）を利用することで、重いものでも動かせる（事業を拡大できる）ことからきています。

ROE ＝ 自己資本 ⇨ 資産 ⇨ 売上 ⇨ 利益 のサイクルの効率性

$$= \frac{資産}{自己資本} \times \frac{売上}{資産} \times \frac{利益}{売上}$$

＝ レバレッジ × 総資産回転率 × 売上高利益率

ROA

ROEをみるときは自己資本の割合も確認する

ここまでの話をまとめましょう。

ROEの「自己資本→資産→売上→利益」の流れを数式に置き換えると、「ROE＝レバレッジ（資産÷自己資本）×ROA（総資産回転率×売上高利益率）」となります（→左ページ下）。

こうしてみると、**ROEの高さは、ROA（経営活動の上手さ）だけでなく、レバレッジの高さ（負債の大きさ）にも左右されること**がわかると思います。つまりROAに関係なく、**借金が膨らめば膨らむほどROEの数値は自然と高まってしまう**のです。このように、ROEが高まっている裏に、財務の安定性が損なわれている場合があるので注意が必要です。

もちろんレバレッジが悪いというわけではなく、負債を上手に活用することで順調に事業を拡大している会社もあります。ROEの上昇が、総資産回転率、売上高利益率、レバレッジのどこからくるのか、その要因を分析することが重要なのです。

B社とC社の決算書データ
（百万円）

	B社	C社
売上高	10,000	15,000
当期純利益	500	800
総資産	8,000	10,000
純資産	2,000	4,000

Q.4
B社とC社の「ROE」を計算し、両社を比較分析してみよう。

A 計算の答え
ROE（自己資本利益率）は、「当期純利益÷純資産」で求められる。B社のROEは「500÷2000」で25%。C社のROEは「800÷4000」で20%。従って、B社のほうがROEは5.0ポイント高い。

分析のコツ！
3つの要因に分解して分析してみよう。売上高利益率はB社が5.0%、C社が5.3%で、C社が上回る。また総資産回転率は、B社が1.25、C社が1.5で、これもC社が上回る。以上の要因から、事業からの収益性（ROA）はC社のほうが高い。しかしレバレッジ（負債の活用度）は、B社が4.0倍、C社が2.5倍とB社が上回っている。つまり、B社のROEが高いのは、事業ではなく負債の活用によることがわかる。

超速！まとめ
①ROEをみれば、株主資本に対する見返りの大きさがわかる
②レバレッジが高まれば、ROEの数値も高くなる
③ROEをみるときは、3つの要素に分解して要因を確認する

分析(収益性) 05　会社の「収益性」は、どうやってわかる？④

収益性の分析④
「利益変動」と「損益分岐」を知る！

　利益の大きさは、費用の内訳によって変わる

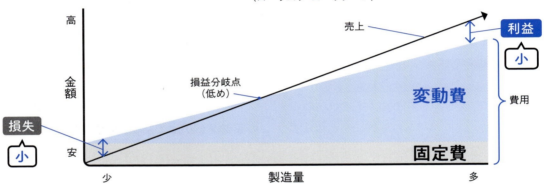

費用のうち「変動費」の割合が大きい → 利益の変動が小さい
（ローリスク・ローリターン）

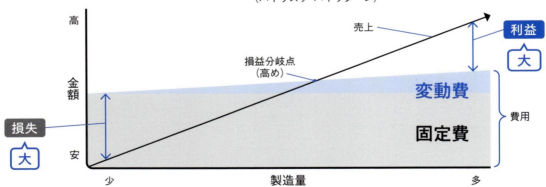

費用のうち「固定費」の割合が大きい → 利益の変動が大きい
（ハイリスク・ハイリターン）

変動費と固定費の割合で、リスクとリターンの大きさが決まる

費用には、売上に応じて増減する「変動費」と、売上にかかわらず一定して発生する「固定費」がある。変動費の割合が大きいと利益のブレ幅は小さくなり（ローリスク・ローリターン）、固定費の割合が大きいと利益のブレ幅は大きくなる（ハイリスク・ハイリターン）。

費用には「変動費」と「固定費」がある

収益性分析の最後に、会社の利益が費用によって変動する仕組みを学んでおきましょう。

複数の会社の決算書をみてみると、売上の伸びにともなって利益も大きく増えている会社と、それほど利益が増えていない会社があることがわかります。なぜこのような違いが生まれるのでしょうか。

その原因は、費用の"内訳"にあります。

売上に対する費用は、大きく「変動費」と「固定費」の2つに分けられます。簡単にいうと、**変動費とは「売上にともなって増減する費用」**のことで、**固定費とは「売上にかかわらず一定して発生する費用」**のことです。

例えばパンを売るときに、材料費（→変動費）はパンをつくるほど増えますが、店舗の家賃（→固定費）はパンの個数にかかわらず一定して発生しますよね。

このように**売上に連動して変わるのが変動費、連動しないのが固定費の特徴**です。

主な変動費と固定費

変動費（売上に連動して増減）
材料費、燃料費、消耗品費　など

固定費（売上にかかわらず発生）
本社や店舗の家賃、工場や機械などの減価償却費、管理部門の人件費、広告宣伝費、R&D費用（研究開発費）　など

固定費の割合が大きいほど利益の変動も大きくなる

では、変動費と固定費は、利益の変動にどんな影響を与えるのでしょうか。

左ページのグラフをみてください。費用のうち、固定費の割合が大きいほど、売上が伸びたときは利益が増え、逆に売上が減ったときは損失が大きくなっていることがわかります。つまり**固定費は、売上の変動による利益の増減（ブレ幅）を大きくする「てこ」のような役割を果たしている**のです。

そして、この2つの費用の割合から、会社の収益性をあげるヒントが得られます。

左のグラフのうち、売上のラインと費用のラインが交わる点、つまり「**売上と費用（変動費＋固定費）が釣り合う点**」を「**損益分岐点**」といいます。**会社の収益性をあげるには、この収支が±0になる損益分岐点を下げればいい**のです。そうすれば、少ない売上でも、利益を確保（黒字化）できます。

損益分岐点を下げる方法はいくつかありますが、**即効性があるのは固定費を減らすこと**です。売上（製造個数）が少ないうちは変動費の割合も小さいため、変動費より固定費を削って費用のベースを下げたほうが利益を出しやすくなります。

このように、会社によって利益変動の大きさに違いがあるのは、費用構造の違いが影響していることを理解しておきましょう。

超速！まとめ
① 「変動費」は売上に連動して増減、「固定費」は連動せず一定
② 固定費の割合が大きいほど、利益のブレ幅が大きくなる
③ 収益性をあげるには、固定費を削って損益分岐点を下げる

課外Lesson 知っておきたい会計知識③

株価からみえる会社の評価

経済ニュースをみていると、株価上昇や下落といった話題がよく出てきます。

そもそもこの株価とは、どのようにして決められるのでしょうか。

株価は、会社が発行する株式の一株当たりの価値を指します。

例えば、一株当たりの価格を1000円に設定するとしましょう。このとき発行した株数が300万だとすれば、会社は「1000円×300万」で30億円の資本金を得ることになります。この資本金は株主に帰属するものであるため、「**株主資本**」とも呼ばれます。貸借対照表でいうと、右下の「純資産の部」のなかにあります。会社はこれを元手にして事業を行い、会社を成長させていくのです。

注意したいのは、株価は"時価"であるということ。

先ほどの例でいえば、一株1000円と設定された価格は"**簿価**"と呼ばれ、"時価"とは区別されます。簿価が1000円の株式も、実際の市場では、1500円だったり、800円だったりと、設定価格よりも高い（低い）価格で売買されることがほとんどです。

なぜこのようなことが起こるのでしょうか。

そもそも市場でつけられる株価は、会社の「現在の価値」を表しています。それは将来の利益そしてキャッシュ・フローがどれほど伸びるかという見込みを反映しています。そのため、高い成長が見込まれる会社ほど、株価は高くなります。そして簿価との差が大きくなっていきます。逆に、将来性に乏しい会社には、簿価を下回る株価がつくことも珍しくないのです。

そしてこの株価（時価）に、発行済株式総数を掛けたものを「**時価総額**」といいます。これは決算書には表れない、市場が決めた会社の値段、つまり株主価値なのです。

また、会社の評価を見極めるために役立つ指標が、当期純利益を株数で割った「**一株当たり利益（ＥＰＳ）**」と、純資産を株数で割った「**一株当たり純資産（ＢＰＳ）**」です。株価をＥＰＳで割った指標は「**株価収益率（ＰＥＲ）**」、株価をＢＰＳで割った数値は「**株価純資産倍率（ＰＢＲ）**」と呼ばれ、**ともに大きいほど会社の価値が高く評価されている**といえます。

$$EPS = \frac{当期純利益}{株数} \quad BPS = \frac{純資産}{株数} \quad PER = \frac{株価}{EPS} \quad PBR = \frac{株価}{BPS}$$

※ EPS＝Earnings Per Share、BPS＝Book-value Per Share、PER＝Price Earnings Ratio
　PBR＝Price Book-value Ratio

分析（安全性）

第4章

会社の「安全性」はココをみる

分析(安全性) 01　なんで会社はつぶれるの？

会社が倒産する理由(わけ)を知ろう

 資金繰りに行き詰まったとき、会社は倒産する！

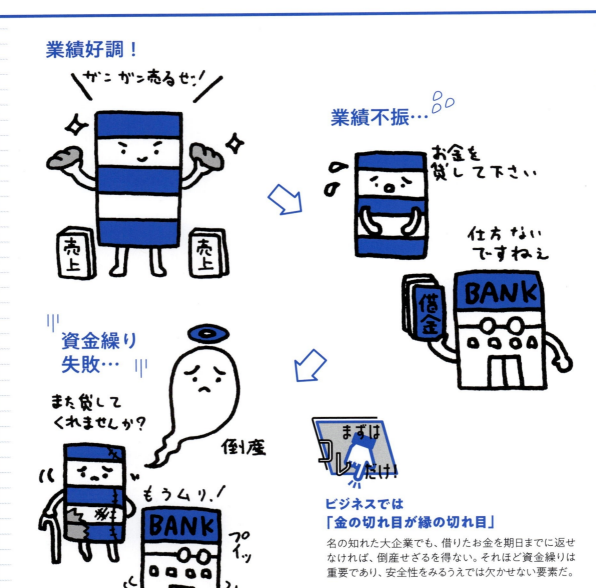

ビジネスでは「金の切れ目が縁の切れ目」

名の知れた大企業でも、借りたお金を期日までに返せなければ、倒産せざるを得ない。それほど資金繰りは重要であり、安全性をみるうえでは欠かせない要素だ。

信用を失った会社は事業を継続できない

4章では、3つの視点の2つ目、会社の「安全性」を測る方法を学んでいきましょう。

安全性分析とは、ずばり「会社が今後も事業を継続していけるか」を確かめること。事業が継続できなくなるのは、会社が生存不能になるとき、つまり「倒産」です。安全性分析のキモは、会社がこの倒産のリスクを抱えていないかを読み取ることにあります。

では、そもそも会社はどんな場合に倒産するのでしょうか。一般的には、「赤字が何年も続くと倒産する」というイメージがあるかもしれません。もちろん、赤字が長く続けば倒産のリスク大ですが、厳密には「資金繰りに行き詰まったとき」に会社は倒産します。

資金繰りに行き詰まるとは、業績不振などで「借りていたお金を期日までに返せなくなる（債務不履行に陥る）」ことです。手元の資金が枯渇して、「不渡りを出す（手形や小切手の支払いが滞る）」と、すべての金融機関にその事実が通告され、今後の融資が受けにくくなってしまいます。人に例えるなら、出血している重症患者が輸血を受けられないのと同じで、大変危険な状態です。

そして借入金を期限内に返済できず、返済猶予や追加融資にも応じてもらえなかった場合、会社は債務不履行状態となり、破産を申請することになります。

安全性は、会社の体つきと血液の流れをみる

では具体的に、決算書のどこをみれば会社の安全性がわかるのでしょうか。

3章の収益性の分析では、損益計算書を主に使いましたが、安全性を分析するときは、貸借対照表とキャッシュ・フロー計算書の2表を使います。人間と同じで、健康かどうかを知るには、体の内部（脂肪・筋肉・骨格の状態）や、血液の流れをみることが欠かせません。つまり会社の資産がどのように構成されているのか、また現金の動きに異常はないかを確認するのが、安全性分析なのです。

先ほど「会社が倒産するのは資金繰りに行き詰まったとき」と説明しましたが、資金繰りに行き詰まる会社の決算書には、最終的に次の2つの異常が現れます。

----

① 資産の元手のうち、借金（他人資本）の割合が極端に大きく、バランスが悪い
② 現金を生み出せていない

----

①と②は関連しており、事業から現金を生み出せないと借金が膨らみ、最後には返済不能となります。つまり倒産する会社は、貧弱な骨格で、大量の血を流しながら走っているようなものなのです。

安全性の分析では、会社がこのような状態に近づいていないかを確かめていきます。

超速！ まとめ

① 安全性分析では、会社が今後も事業を継続できるか確かめる
② B/SとC/Sを確認して、資金繰りに問題ないかをチェックする
③ 現金が生み出せておらず、借金が多い会社は要注意！

会社の「安全性」は、どうやってわかる？①

安全性の分析①
B/Sの「上下」のバランスをみる！

ズバリ要点！ 純資産（自己資本）と負債（他人資本）の割合で安全性は変わる！

● 総資本に占める純資産の割合（会社の骨の太さ）がわかる

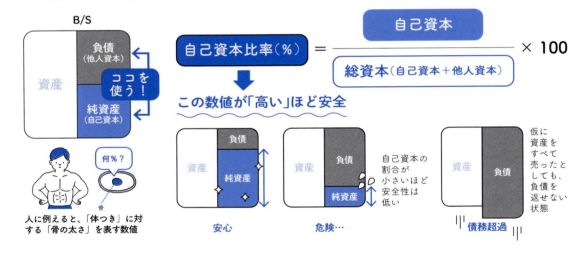

$$\text{自己資本比率（％）} = \frac{\text{自己資本}}{\text{総資本（自己資本＋他人資本）}} \times 100$$

この数値が「高い」ほど安全

人に例えると、「体つき」に対する「骨の太さ」を表す数値

安心 / 危険… / 債務超過

自己資本の割合が小さいほど安全性は低い

仮に資産をすべて売ったとしても、負債を返せない状態

● 実質的な借金の大きさがわかる

$$\text{ネットD/Eレシオ（倍）} = \frac{\text{純有利子負債}^※}{\text{純資産}}$$

この数値が「低い」ほど安全

※純有利子負債＝「有利子負債（短期＆長期の借入金と社債の合計）」−「現預金」

まずはコレだけ！ 純資産（自己資本）が多いほど、安全性は高まる
借金が少ないほど、会社の資金繰りは楽になり、安全性は向上する。決算書から「自己資本比率」や「ネットD/Eレシオ」を計算することで、純資産と負債の割合を確認できる。

会社の骨格の太さがわかる「自己資本比率」

ここからは貸借対照表を使った安全性分析の具体的な方法をご紹介します。

まず確認したいのは、資産の元手（右側）の「上下」。つまり、**負債（他人資本）と純資産（自己資本）のバランス**です。会社が倒産するのは、借金を返せなくなったときでした。これは裏を返せば、原則借金がなければ会社は倒産しないということ。つまり**自己資本が多いほど、安全性は高い**といえます。

それがわかるのが「**自己資本比率**」です。この比率は、すべての資本のうち、自己資本（純資産）※が占める割合を表します。

自己資本の多さは、いわば会社の「骨格の太さ」です。骨格がしっかりしていれば、その上に十分な筋肉（固定資産）をつけ、活発に運動してたくさんの血液を生み出せます。しかし骨格が貧弱なまま、重いロボットスーツ（負債）を着れば、足元がふらつき転んで、大量出血することになりかねません。

一般的に、日本企業の自己資本比率は**30％以上が望ましく、50％以上あれば安全性が高い**といえます。ただし、その水準は業種や業態によって異なるため、数社の同業他社と比較して数値の高低を確認しましょう。

なお、負債が増えすぎて、仮に資産を全部売っても返済できない状態を「**債務超過**」と呼び、倒産の危険性が高い状態といえます。

実質的な借金の大きさがわかる「ネットD/Eレシオ」

貸借対照表の「上下」を使った、もうひとつの安全性分析が「**ネットD/Eレシオ**（ネット・デット・エクイティ・レシオ）」です。

これは「**純有利子負債比率**」とも呼ばれ、**「返す必要がある借金（純有利子負債）が、返さなくてもいいお金（純資産）の何倍あるか」**を表します。例えば、ネットD/Eレシオが「3倍」なら、純有利子負債が純資産の3倍ある状態。「0.5倍」ならば、純有利子負債は純資産の半分というわけです。この数値は**低いほど安全で、一般に、2倍を超えると警戒水準**とされます。

この指標のポイントは、負債から現預金を除いた「ネット（純額）」で考えることです。例えば、有利子負債が500億円、純資産が200億円ある場合、有利子負債額は純資産の2.5倍になるため危険な状態のように感じられます。ところがその会社が、現預金を300億円もっている場合、実質的な借金（"純"有利子負債）は200億円（500億−300億）となり、ネットD/Eレシオは1倍と計算されます。つまり、その会社の財務安全性は高いと評価できるのです。

このようにネットD/Eレシオは、会社の債務返済能力を表す目安のひとつであり、数値が低いほど長期的な借金の返済能力が高く、倒産のリスクが低いことを意味します。

超速！まとめ

①貸借対照表の右側の「上下」（負債と純資産）のバランスをみる

②自己資本比率（純資産の割合）が高いほど、会社の安全性は高い

③ネットD/Eレシオは低いほど、負債の割合が小さく安全

※ 厳密には、純資産中の株主資本（および「その他包括利益累計額」がB/Sに計上されている場合はそれも含める）を指す

分析 03（安全性） 会社の「安全性」は、どうやってわかる？②

安全性の分析②

B/Sの「左右」のバランスをみる！

ズバリ要点！→「流動比率」は高いほど、「固定比率」は低いほど安全！

● 短期的 な資金繰りの安全性がわかる

$$流動比率(\%) = \frac{流動資産}{流動負債} \times 100$$

↓

この数値が「高い」ほど安全

● 中長期的 な資金繰りの安全性がわかる

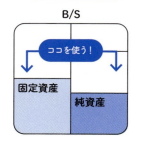

$$固定比率(\%) = \frac{固定資産}{純資産} \times 100$$

↓

この数値が「低い」ほど安全

※固定比率の数値が高いときは、固定長期適合率を調べて安全性をチェック！

$$固定長期適合率 = \frac{固定資産}{純資産 + 固定負債} \times 100$$

低いほど安全

会社の財産と元手の"性質"に注目する

会社の資産（左側）とその元手（右側）は、それぞれ「流動的」なものと「固定的」なものの2つに分けられる。資産を構成する元手の性質（流動か、固定か）と、その割合を調べれば、短期〜長期にわたる資金繰りの安全性がわかる。

短期の安全性は「流動比率」でわかる

会社の安全性をさらに深く測るには、貸借対照表の「左右」のバランスも大切です。この左右のバランスから、会社の「借金の返済能力」がみえてきます。

まず確認したいのが、流動負債に対する流動資産の割合です。これを「流動比率」といい、比較的短期の資金繰りの安全性を表します。

わかりやすく身近な例で考えてみましょう。

仮にあなたが100万円を借りていて、来月末が返済期限とします。現金や預貯金、あるいは商品券のように売ればすぐに現金化できるものが十分にあれば安心でしょう。

しかし、そうでなければ車や家、土地などの財産（資産）を売らなければなりません。とはいえ、家や土地は商品券などと異なり、すぐに売れるとは限りません。

このようにすぐ（1年以内）に返済義務のある流動負債に対し、1年以内に現金化できる資産（流動資産）がどれだけあるかを表した数値が、流動比率です。

流動比率は100％を超えて高いほどよく、一般的には150％以上あれば安全性が高いといわれます。1年以内に返す借金に備えて、すぐに現金化できる資産（現預金や売掛金など）を1.5倍以上もっていれば安心、というわけです。なお日本企業の流動比率は、平均で130〜140％程度で推移しています。

中長期の安全性がわかる「固定比率」と「固定長期適合率」

次に確認したいのが、自己資本（純資産）に対する固定資産の割合です。これを「固定比率」といい、中長期的な資金繰りの安全性がわかります。

土地や建物、工場設備など、長期間使用する固定資産は、返済義務のない自己資本で運用する割合が高いほど安全ですよね。そのため固定比率は、低いほどよいとされます。

この数値が100％を超える場合、固定資産の一部を負債によって運用していることになります。ただし、100％を超えたからといって即危険、というわけではありません。なぜなら日本の多くの企業は、銀行から融資を受けて設備投資を行っており、実際に日本の全産業の平均値は150％程度あるからです。

ただ固定比率が高いときは「すぐに返済が必要な借金（流動負債）で固定資産を購入していないか」チェックが必要です。

それを確かめるのが「固定長期適合率」で、これは純資産と固定負債（すぐに返す必要のないお金）の合計で固定資産の代金をまかなえているかを表します。

固定長期適合率が100％を超えた場合は、固定資産の一部を流動負債でまかなっているということ。身近な例でいえば、返済期限の短い消費者金融に借りたお金を、住宅資金の一部にあてているような状態です。

4章 会社の「安全性」はココをみる 03

流動比率／固定比率

超速！まとめ

①貸借対照表の「左右」を比べれば、借金の返済能力がわかる

②「流動比率」が高いほど、短期的な資金繰りは安全

③「固定比率」は低いほどよく、高いときは「固定長期適合率」もみる

会社の「安全性」は、どうやってわかる？③

財務三表の組み合わせでみる

ズバリ要点！ 「金利の支払い能力」と「借金の返済能力」を数値化する！

● 利払い能力がわかる

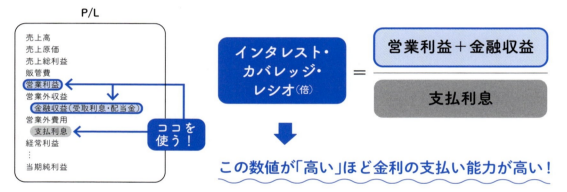

この数値が「高い」ほど金利の支払い能力が高い！

会社の「利払い能力」をみる

「インタレスト・カバレッジ・レシオ」とは、会社の「利払い能力」のこと。会社が、支払利息に対して何倍の「営業利益（金融収益含む）」を稼いでいるかがわかり、数値が高いほど安全性が高い。

● 借金完済までにかかる年数がわかる

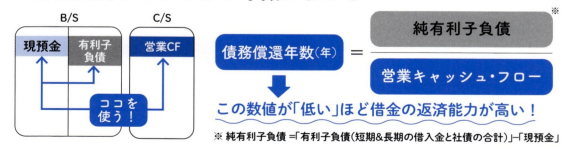

この数値が「低い」ほど借金の返済能力が高い！

※ 純有利子負債 ＝「有利子負債（短期＆長期の借入金と社債の合計）」－「現預金」

会社の「借金の返済能力」をみる

「債務償還年数」は、会社が事業から生み出した現金（営業CF）を使って、借金完済までにかかる年数を計算したもの。年数が少ないほど安全性が高く、借金の返済能力が高い。

その他の安全性指標①
「利払い能力」（インタレスト・カバレッジ・レシオ）

ここまでは貸借対照表を使った安全性分析の方法をみてきました。しかし実は、財務三表を組み合わせてみることで、さらに細かく、具体的な指標を得ることができます。

その1つが、「**インタレスト・カバレッジ・レシオ**」です。難しそうな名前ですが、**要は会社の「利払い能力（借入金などにつく利息の支払能力）」のこと**を指します。

この数値をみれば、会社が支払利息（借金の利息）に対して何倍の「営業利益（金融収益含む）」を稼いでいるかがわかります。計算は単純で、損益計算書から容易に求められます（→左ページ）。簡便的に営業利益のみで計算する場合もありますが、営業外収益に含まれる「**金融収益**（会社が保有する預金や有価証券に対して支払われる受取利息や配当金など）」を加味することで、より正確な利払い能力がわかります。

インタレスト・カバレッジ・レシオの数値が高いということは、会社の金利負担能力が高く、財務的に余裕があるということです。業種によって差はありますが、一般的には、5倍以上あるのが望ましく、10倍以上なら安全性がかなり高いと言えます。

一方で、**3倍を下回ると注意**が必要で、その状態が数期連続すると金融機関からの資金調達に影響が出るおそれもあります。ゆえに金融のプロも重要視する指標です。

その他の安全性指標②
「債務償還年数」

貸借対照表とキャッシュ・フロー計算書を組み合わせれば、会社のおおまかな「借金の返済能力」を測ることもできます。その指標が「**債務償還年数**」です。

これは平たく言うと、会社が事業で生み出したお金（営業CF）を使って、借金完済までにかかる年数を表します。例えば、その年の営業CFが15億円、「**純有利子負債**（借入金から現預金を差し引いた額）」が105億円だった場合、「105億÷15億」で借金完済までに7年ほどかかると見込めます。業種によって異なるため一概には言えませんが、**5年を超えると要注意、10年を超えると債務不履行の可能性が高まる**と考えられます。

ただし現実的には、会社は営業CFをすべて借金返済に使えるわけではありません。事業を継続するためには、設備投資などの資金（投資CF）が必要になります。そのため実際の資金繰りは、この指標が示す以上に苦しい場合もあるため注意が必要です。より正確な資金繰りを把握するには、キャッシュ・フロー全体を細かく分析しましょう。

また当然ですが、営業CFと純有利子負債の額は毎年変動します。「当期の営業CFがたまたま少なかった」ということもあり得るため、5年前、3年前、昨年と、長いスパンで**債務償還年数の変動を確認**しましょう。

超速！まとめ

① 財務三表を組み合わせれば、より細部まで安全性を測れる
②「インタレスト・カバレッジ・レシオ」は、5～10倍あると安心
③「債務償還年数」は5年を超えると注意、10年を超えると危険水域

会社の「安全性」は、どうやってわかる？④

安全性の分析④
現金（キャッシュ）の流れを確認！

「営業CF」「投資CF」「財務CF」がそれぞれ「＋」か「－」かに注目する！

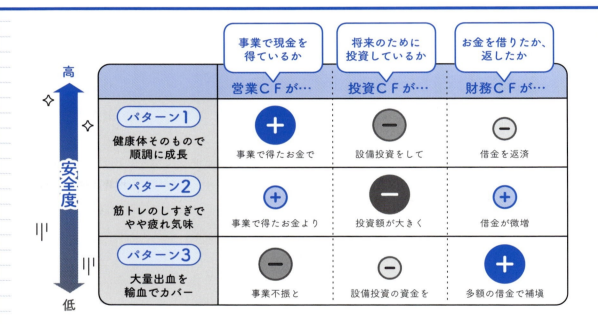

● 自由に使えるお金がどれだけあるかがわかる

3つのCFを組み合わせて分析する

「営業CF」「投資CF」「財務CF」の「＋」と「－」を組み合わせることで、安全性のパターンがわかる。また、「営業CF＋投資CF」で、現金に余裕があるかがわかる。

会社の体に異変を感じたら血流をチェックする

最後はキャッシュ・フロー計算書を使った安全性分析です。資金繰りに行き詰まったときは、体つきが変わるだけでなく、体に十分な血液（現金）が巡らなくなります。

安全性を分析するうえでは、「営業ＣＦ」「投資ＣＦ」「財務ＣＦ」の３つの数値の大小（プラスマイナス）に注目しましょう。それぞれの数値の大きさを比較することで、会社の健康状態を大きく３つのパターンに分類できます。左ページをみながら説明します。

パターン1 事業が好調で多くの現金を生み出せている状態。事業で得た利益を使って設備投資を行っており、さらに余った現金を借金の返済や配当に回すことができています。これにより負債（他人資本）の比率も下がるため、健康状態は極めて良好と言えます。

パターン2 事業で現金を生み出せてはいるものの、それを上回る額を投資している状態。営業ＣＦのプラスでまかないきれない分を、外部からの資金調達（借金）で補っています。ベンチャー企業など、成長過程にある会社は、このようなパターンを示しやすいです。一方で、単に業績が低迷し、営業ＣＦが減少している場合もあり得るため、過去数年の決算書を調べるなど経過観察が必要です。

パターン3 業績不振にもかかわらず、事業継続のために設備投資を行わなければならないことから、それらの資金不足を多額の借金で補っている状態。傷だらけの体を輸血によって何とか保っているようなものです。融資が止まればすぐに倒れてしまうため、営業ＣＦの早急な改善が必須と言えます。

「フリーＣＦ」を調べればお金に余裕があるかがわかる

３つのパターンを調べる以外に、事業継続に十分な量の現金を生み出せているか簡易的に求める方法もあります。それが「フリーＣＦ（フリー・キャッシュ・フロー）」です。

フリーＣＦは、「会社が自由に使えるお金の多さ」を表します。計算式は簡単で、「営業ＣＦ＋投資ＣＦ」で求められます。要は、事業で生み出したお金から、投資に使ったお金を差し引いた（もしくは投資で得たお金を足した）後に、手元に余った現金です。

フリーＣＦがプラスであれば、余ったお金を借金返済にあてたり、株主に配当金を多めに出すなど株主還元策を充実させることができます。反対に、フリーＣＦがマイナスの場合は、事業継続に必要なお金を生み出せていないということですから、これまで貯めたお金（利益剰余金）を取り崩したり、社債の発行や借入を行うなど外部から資金を調達したりして、不足分を補う必要があります。

4章 会社の「安全性」はココをみる **05**

キャッシュ・フローのパターン／ＦＣＦ（フリー・キャッシュ・フロー）

超速！ まとめ

① 貸借対照表に異変を感じたら、キャッシュの流れをチェック
② ３つのＣＦの ± （プラスマイナス）の大小とその原因から、安全度がわかる
③ フリーＣＦがプラスなら資金が潤沢、マイナスなら資金不足

分析 06 (安全性)　会社の「安全性」は、どうやってわかる？⑤

安全性の分析⑤
「運転資金」を正しく理解しよう

 利益が出ていても、運転資金が足りないとアブナイ！

（事業継続に必要なお金）　　（まだ回収できていない収入）　　（まだ支払っていない費用）

運転資金 ＝ 売掛金 ＋ 棚卸資産 － 買掛金

ある製造会社の事業サイクル

	今月	来月	再来月

製造〜販売の流れ：材料の仕入れ → 商品の製造 → 商品の完成 → 販売営業 → 売買成立

費用（出金）の流れ：買掛金 ／ 「運転資金」が必要な期間

❶ 掛け取引で材料を購入
❷ 材料費の買掛金 100万円を支払う
❹ 収入がない間も、毎月経費（家賃や人件費など）が発生する

収入（入金）の流れ：棚卸資産 ／ 売掛金

商品を作って、売れるまで「在庫」として保管される
商品が売れてもすぐに現金は入らない
❸ 商品代（現金）500万円を回収

運転資金が足りないと、資金繰りが悪化して事業継続が困難に

掛け取引では、収入の回収と費用の支払いに「ズレ」が生じる。そのため収入回収まで事業を継続するために運転資金が必要となる。これが不足すると資金繰りが悪化する。

80

入出金のズレを解消するのが運転資金の役割

資金繰りの安全性は、会社の「運転資金」を調べることでもわかります。

運転資金とは「事業を継続するために必要になるお金」のこと。例えば、ある製造会社が、500万円分の商品を作って売ったとします。材料費として100万円を支払い、残りの400万円で家賃や人件費、新しい材料費などを払って、再び商品を作る。このサイクルを続ければ、問題なく事業を継続できます。

ところが実際の事業では、左の図のように、**商品代の回収と費用の支払いには、「時間的なズレ」が生じる**ことがほとんどです。

例えば、今月頭に材料を掛け取引（ツケ）で購入（❶）し、1か月後の来月頭に買掛金100万円を支払ったとします（❷）。しかし購入した材料が商品になり、商品代（現金）500万円が入ってくるのは再来月末です（❸）。この間（来月頭〜再来月末）も、当然、家賃や人件費といった諸々の経費が発生します（❹）。では、どうするか？

ここで必要になるのが、運転資金です。左の図の例の場合、来月と再来月の2か月分の経費を払える資金があれば、事業を継続できます。言い換えれば、運転資金とは「**収入（入金）と費用（出金）のタイムラグを埋めるための資金**」なのです。

運転資金が不足している場合は、帳簿上は利益が出ていても、資金が底をついて経費が払えず「黒字倒産」しかねません。そのため会社の運転資金の有無や多寡を確認することは、資金繰りの安全性を分析するうえで、とても重要な指標となります。

必要な運転資金額は支払い条件や売上で変わる

会社が事業継続のために必要とする運転資金の金額は、決算書から具体的に求められます（→左ページの計算式を確認）。

売掛金と棚卸資産（在庫）は、「まだ回収できていない収入」（棚卸資産は、将来商品になって売れば収入になる）。逆に、買掛金は「まだ支払っていない費用」と言えます。これを差し引きすることで、事業継続のために必要な運転資金（一時的に立て替えないといけないお金）がわかります。

また、上記のことから、運転資金について、次の2つのことが言えます。

ひとつは、売掛金や買掛金の額や支払い条件によって、必要な運転資金額は変わること。例えば、**売掛金の回収期間がのびて未回収の現金が増えれば、その分多くの運転資金が必要**となり、資金繰りは圧迫されます。

もうひとつは、売上の規模によっても必要な運転資金額は変わること。通常、支払いサイトは一定なので、売上が増えるほど、掛取引の額も大きくなり、在庫も増えます（左図の場合、売上が2倍になると、売掛金が1000万円、買掛金は200万円となり、必要な運転資金も800万円に増える）。つまり**売上が2倍、10倍と増えれば、必要な運転資金も2倍、10倍と自然に増えていく**のです。

従って、売上が増えたからといって資金繰りが楽になるわけではありません。むしろどれだけ売上が増えても、売上に対する運転資金の割合が大きければ、それだけ事業を継続するための資金繰りが難しい（つまり安全性が低い）と分析できるのです。

4章　会社の「安全性」はココをみる　06

運転資金

81

3つの回転期間を求めれば運転資金が必要な期間がわかる

会社の運転資金の条件（必要な金額や期間）がどのように変化しているのかを知るのに、有効な方法がひとつあります。それが「キャッシュ・コンバージョン・サイクル（CCC＝Cash Conversion Cycle）」です。

CCCは、日本語では「**現金循環化日数**」と呼ばれます。要は、事業活動を行ううえで**支払った現金が、在庫や売掛金などに形を変えて、再び現金として戻ってくるまでに要する日数**を表したものです。CCCが長くなるほど、事業を継続させるためにより多くの運転資金が必要となります。

CCCは、「売上債権（売掛金）」「棚卸資産（在庫）」「仕入債務（買掛金）」の3つの"回転期間"（現金や売上になるまでにかかる期間）を求めることで算出できます。ひとつずつみていきましょう。

①売上債権回転期間

売上債権（売掛金）を回収（ツケで売った商品などが現金化）するまでの期間のこと。売上高に占める売上債権（売掛金）の割合に、年間日数（365）を掛けることで求められます。

②棚卸資産回転期間

在庫などの棚卸資産が売上に変わるまでの期間のこと。売上原価（→P27）に占める棚卸資産（→P36）の割合に、年間日数（365）を掛けることで求められます。

③仕入債務回転期間

掛取引で仕入れた原材料や商品の代金（買掛金）を支払うまでの期間のこと。売上原価に占める仕入債務（買掛金）の割合に、年間日数（365）を掛けることで求められます。

そして最後に、「①＋②－③」を行えば、CCC（運転資金が必要となる期間）が求められます。

CCCの算出方法

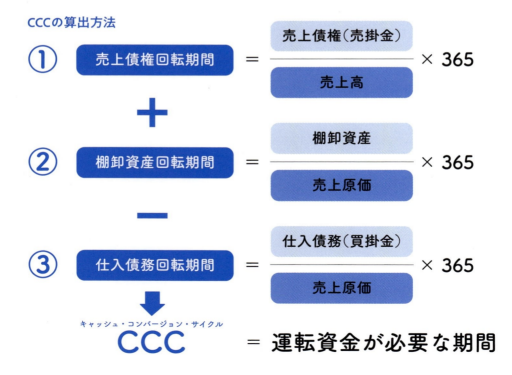

資金繰り悪化の要因を回転期間の長短から探る

CCCの計算式をみて気づくのは、**3つの回転期間のうち、いずれかの日数が変われば、必要な運転資金も増減する**ということです。

会社の資金繰りが悪化するのは、売上債権（売掛金）や棚卸資産の回転期間が長期化したときや、仕入債務（買掛金）の回転期間が短期化したときです。

では、それぞれが長期化・短期化する原因には、どんなものがあるのでしょうか。

例えば、①売上債権回転期間の長期化が起こるのは、**売上を無理に増やそうとして、顧客の支払い条件を緩めている**（代金回収までの期間を長くしている）場合が考えられます。

また、②棚卸資産回転期間が長期化している場合は、**売上が計画を下回って売れ残りの在庫が増えてしまったとき**、または翌年の売上が大幅に増加することを見込んで、あらかじめ大量の原材料や商品を仕入れたときなどが考えられます。

最後に、③仕入債務回転期間が短期化するのは、**商品や材料を安く仕入れる交換条件として、代金をより短期間で支払う約束をしたとき**などが考えられます。また、何らかの要因によって仕入先に対する交渉力が低下し、支払条件を厳しくされてしまったケースなども考えられるでしょう。こうなるとキャッシュの流出が先行するため、利益は出ているのに営業CFはマイナスという状況が常態化する危険もあります。

このように3つの回転期間が変動することで、必要な運転資金も増えたり減ったりします。逆に言えば、資金繰りが悪化しているときは、**3つの回転期間のうちのいずれかが長期化（短期化）していないか調べることで、具体的な原因を分析できる**のです。

どれくらい運転資金があれば安心できる？

では、運転資金（事業継続に必要なお金）に対して、どれくらいの現金をもっておけば安心なのでしょうか。その目安を測る便利な指標が「手元流動性比率」です。これは「**会社が月商の何か月分の現金を手元にもっているか**」を表したもので、貸借対照表の「現預金＋短期有価証券」を損益計算書の「**月商（売上高÷12）**」で割ることで算出できます。

例えば、手元流動性比率が「3」なら、「月商の3か月分に相当する現金が手元にある」ことになります。これは裏返せば、仮に売上がゼロの月が続いても、3か月間は事業を継続できる余裕があるということ。業種によって異なりますが、**月商の2か月分以上の現金をもっていれば、ひとまず安全**と判断できます。

ただし1か月未満しかない場合でも、取引銀行から素早く運転資金の融資が受けられれば問題ありません。

4章 会社の「安全性」はココをみる 06　キャッシュ・コンバージョン・サイクル（CCC）／手元流動性比率

超速！まとめ
①運転資金とは、「入金と支払いのタイムラグを埋め合わせる資金」
②売上の増加にともなって、必要な運転資金も増える
③月商の2か月分以上の現金が手元にあれば、ひとまず安心

課外Lesson 知っておきたい会計知識④

グローバル企業が続々採用！ IFRS（国際財務報告基準）のしくみを知ろう〔前編〕

　多くの国内企業の決算短信をみると、冒頭に「日本基準」と記載されています。このように会計制度は国ごとに基準が異なるため、自国と海外の決算書を比較するのは困難でした。

　しかし2001年に発足した国際会計基準審議会が、「世界共通の会計ルール」である**IFRS**[※1]を制定。現在、150以上の国や地域で採用され、日本でもトヨタ自動車やソフトバンクグループなどのグローバル企業を中心に、IFRSに基づく決算書の作成が広がっています。

　IFRSの決算書も基本的な読み方は変わりません。ただ、日本基準とは「損益計算書」と「貸借対照表」の項目に変更点があります。損益計算書の場合、主に以下の4点です。

①**外注費や税は売上に含めない**→取引先に請求した金額のうち、下請け会社への外注費や各種税金（酒税・たばこ税）など、「自社に入らないお金」は売上に計上できません。

②**「事業活動」と「財務活動」の損益を分ける**→日本基準の「営業外収益（費用）」には、事業活動で生じた損益（例：雑収入）と、財務活動で生じた損益（例：受取配当金、為替差益）が混ざっています。一方、IFRSでは、営業利益がより事業の実態を反映したものになるように、事業活動による損益は「**その他の営業収益・費用**」に、財務活動による損益は「**金融収益・費用**」に計上します。

③**「経常利益」がなくなる**→営業利益の次は、いきなり税引き前利益になります。経常利益から引かれていた「特別損益」は、②の理屈と同じく、事業活動による損益は「その他の営業収益・費用」に、財務活動による損益は「金融収益・費用」に計上されます。

④**「包括利益」が導入される**→当期純利益に、「資産の再評価損益（株や債券などの含み損益や為替による損益など）」を加えた「**包括利益**」が記載されます[※2]。（P96に続く）

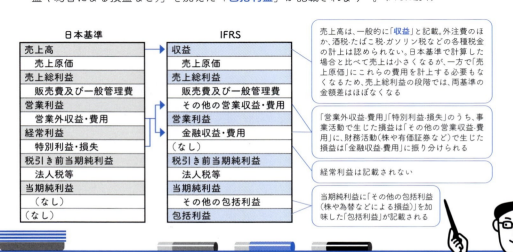

※1「International Financial Reporting Standards」の略。国際会計基準とも
※2 2010年より日本会計基準でも包括利益を導入することが定められた

> 分析
> （成長性）

第5章

会社の「成長性」はココをみる

分析01(成長性) どうやって会社は成長するの？

会社の成長が、ホンモノかどうか見抜くには？

要点！ 「成長率」と「成長要因」をセットでみる

会社の成長を判断するポイント

①「身体能力」はあがったか？

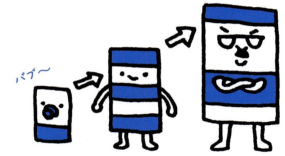

②体は大きくなっているか？

会社が成長する要因は２つある

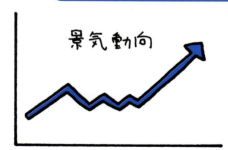

①「外部要因」による成長！

新商品の開発

生産設備拡大

②「内部要因」による成長！

会社の「どんな部分」が「どんな理由」で成長したか

会社の成長性を分析するには、「身体能力」（売上・利益）と「体の大きさ」（資産）が、どれだけ大きくなったかに注目する。同時に、その会社が成長できた理由が、「外部」にあるのか、「内部」にあるのか、にも目を向ける。

「身体能力」と「体の大きさ」で会社の成長性を判断できる

ここまで収益性、安全性についてみてきました。3つの視点の最後は「成長性」です。

そもそも何をもって、私たちは「会社が成長している」と判断できるのでしょうか。

そのポイントは、大きく2つあります。

ひとつは「身体能力が上がっているか」。例えば、50mプールを泳ぐのにこれまでは40秒かかっていたのが、30秒で泳げるようになったら「成長したな」と感じますよね。同様に、昔と比べて売上（運動量）や利益（成果）があがっている会社は成長しているといえます。

もうひとつは「体が大きくなっているか」。子どもから大人になるにつれて身長が伸びるように、会社も設備などの資産（体つき）が年々増えているかをチェックすることで、どのくらいの速度で成長しているか確認できます。

そして、この「身体能力」と「体の大きさ」の2つが比例して成長していくことが理想です。身体能力（売上）が伸びても体（資産）が大きくならなければ、やがて記録（利益）は頭打ちになるでしょう。また逆に、体ばかり大きくなって身体能力が伸びなければ、収益性は下がってしまいます（→P59）。

成長している企業を見抜くには、人間と同様に身体能力と体の大きさの両方が、バランスよく成長しているかが大事なのです。

数値の伸びだけではなく、成長した"背景"にも目を向ける

成長性の分析では、売上や利益が「どれだけ成長したか」だけでなく「なぜ成長できたのか」、その要因を探ることも大切です。

会社の成長要因（成長ドライバー）には、大きく「外部要因」と「内部要因」の2つがあります。成長した理由が、会社の"外"にあるか、"内"にあるかの違いです。

外部要因の代表的な例は、国の経済政策や景気動向などです。それ以外には、業界特有の需給サイクル（例：4年周期で買い替えられる家電製品など）や特需景気（例：コロナ禍のテレワーク急増でPCの売上が伸びる）なども外部要因といえるでしょう。

一方、内部要因は、会社の経営努力の賜物。例えば、新製品投入や、新事業の展開などによる売上の増加が考えられます。

このように会社の成長要因にまで目を向けるべきなのは、「数値の大きさ」に惑わされないためです。例えば、「A社の売上は前年比20％増」という数値だけみれば、大きく成長しているように思えますが、「業界平均が前年比30％増」だったらどうでしょう。A社はむしろ「低成長な会社」といえますよね。

子どもの身長も同学年で比較するのと同じように、会社の成長もまずは同じ業種で比較してみましょう。

5章 会社の「成長性」はココをみる 01 成長の本質

超速！ まとめ

①「身体能力」と「体の大きさ」が、ともに大きくなっているか確認
②成長の理由が、「外部」にあるのか「内部」にあるのかをチェック
③伸び率と成長要因をセットで考えると成長の実態がつかめる

会社の「成長性」は、どうやってわかる？①

成長性の分析①
売上と利益の成長度合いに注目！

「売上高増加率」で身体能力の伸びをみる

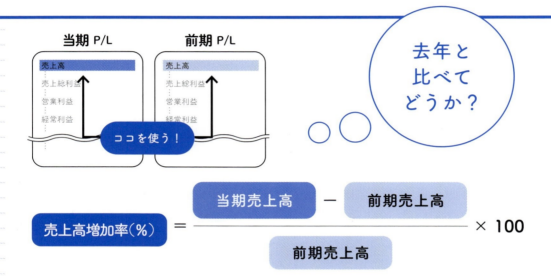

$$売上高増加率(\%) = \frac{当期売上高 - 前期売上高}{前期売上高} \times 100$$

過去数年間と比較し…　さらに…　他社と比較してみる

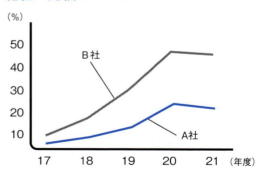

前期と比較すると下降しているようにみえても、長期的な視点では上昇傾向にあることがわかる

A社だけみると急成長しているようにみえても、B社と比較すると低成長だとわかる

時系列分析と他社比較分析を組み合わせる

過去数年間の「売上の伸び率」を時系列分析することで、会社の業績の"トレンド"がわかる。さらに他社と比較すれば、より客観的な成長の度合いがわかる。

売上の増減から「成長性」をチェック

では、決算書から会社の成長性を測る具体的な方法をみていきましょう。

まず調べたいのは「会社の身体能力があがっているかどうか」です。そのためには、損益計算書をみて運動量（売上）と成果（利益）が伸びているかを確認します。

運動量が増えているかどうかは、「売上高増加率」を出すことで判断できます（→左ページ）。これは「前期に比べて売上がどれだけ増加したか」を表す指標で、例えば前期の売上が1億円で、当期の売上が1億1000万円だとすれば、売上高増加率は10％になります。

売上高増加率をみるときのポイントは、前期の売上と比較するだけでなく、過去3～5年くらいの数値もみて、"時系列で"変化をとらえることです。例えば、前年比ではマイナスだったとしても、それは一時的な停滞に過ぎず、複数年のスパンでみれば業績は上り調子にあるかもしれません。逆に、たとえ前年比プラス30％でも、かつてのオリンピックの建設ラッシュのように、一時的な外部要因で増えただけかもしれないのです。

このように売上高増加率をみるときは、過去3～5年の数値をグラフ化し、上昇しているのか、あるいは下降しているのかの"トレンド（傾向）"を読み取ることが大切です。

また、あわせて他社比較分析も重要になります。例えば、過去5年間で売上が20％伸びていても、他の会社は30％と、それ以上に伸びているかもしれません。このような場合、業界でのシェアを落としていることになるので、会社は十分に成長していないといえます。

売上と一緒に「利益率」も伸びているか

一方、会社の運動量（売上）が増えていても、成果（利益）があがっていなければ、順調に成長しているとはいえません。

そこで売上高増加率にともなって、売上総利益率（→P54）も上昇しているかを調べましょう。これが悪化している場合は、売上よりも費用の増加するペースが上回って、儲ける効率（収益性）が下がっていると判断できます。

売上総利益率が低下する原因としては、原材料費の高騰（外部要因）や、競争激化による単価低下（外部・内部の複合要因）などが考えられます。利益率が数年にわたり低下している場合、会社の価値をつくり出す力が弱まっているおそれがあるため、注意が必要です。

また、会社の儲ける力を表す営業利益率（→P55）が下がっていないかも確認しましょう。これが低下しているなら、売上総利益率が低下しているか、販管費比率が上昇しているはずです。販管費比率があがっている場合は、販売効率が悪化している、つまりムダな動きが増えていることを意味します。

超速！まとめ
①「売上高増加率」で会社の身体能力の成長度がわかる
②増加率は、「時系列分析」と「他社比較分析」で判断する
③売上が増えていても、「利益率」が下がっていないかチェック

分析03（成長性）　会社の「成長性」は、どうやってわかる？②

成長性の分析②
資産の成長度合いに注目!

ズバリ要点！　会社は「資本→資産→売上→利益→資本…」のサイクルで大きくなる

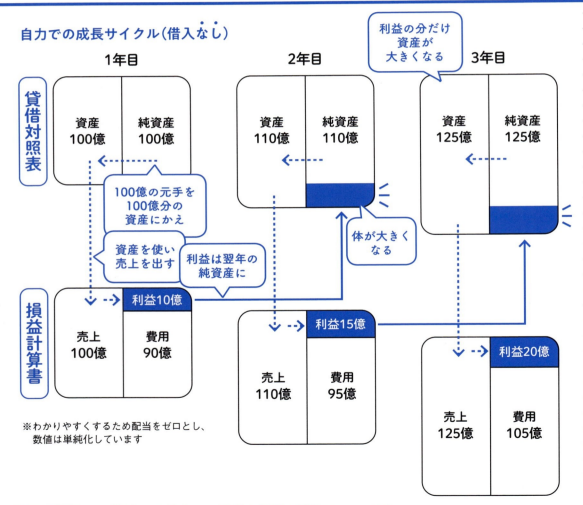

※わかりやすくするため配当をゼロとし、数値は単純化しています

資産にともなって売上と利益が増加しているか

会社は「資本→資産→売上→利益→資本…」のサイクルを経ることで、毎年年輪が増えるように少しずつ大きくなっていく。このとき資産が増えるのに応じて、売上や利益も増えていれば、健全に成長していると判断できる。

会社の体が成長する方法は大きく2つに分けられる

次に、「会社の体が大きくなっているか」を決算書から調べてみましょう。ここでは損益計算書と貸借対照表を使います。

会社の体が大きくなるとは、すなわち「会社の資産が増える」ことを意味しました。その方法には、大きく2つのパターンがあります。

1つは、売上や利益を拡大していくことで自力で成長する方法、もう1つは他社を買収・合併することで一気に成長する方法です。また、自力で成長する場合も、借入金の「ある・なし」で成長のスピードが変わってきます。

ここからはそれぞれの成長の仕組みをくわしくみていきましょう。

会社が成長するパターン①-1 自力による成長（借入なし）

はじめに、借入金なしで自力で成長するパターンをみていきます。

左ページの図は、会社が自力で成長していくサイクルを視覚的に表したものです。

私たちが毎日運動や筋力トレーニングを積み重ねることで少しずつ体を大きくできるように、会社も自力でいきなり10倍、20倍と成長できるわけではありません。

多くの会社は、開業時に集めた資本を元手に、原材料や設備機器などの資産を揃え、それを活用して商品を作り出し、売上と利益をあげていきます。そして最終的な利益を、翌年度の純資産（資本）に加え、さらに設備やシステムを充実させて資産を大きくします。そうして少しずつ資産を拡大していくこと

で、売上や利益を伸ばしていくのです。

このように会社は、「資本→資産→売上→利益→資本…」のサイクルを繰り返して、年輪を刻むように成長していきます。

このとき注意してみたいのが、「資産の拡大にともなって売上や利益が増えているか」ということ。86ページで説明したように、理想的な成長とは、「身体能力」と「体の大きさ」が比例して大きくなっていくことです。

つまり、資産の増加率と同じか、それ以上の割合で売上や利益が増えていなければ、たとえ絶対額が大きくなっていても順調に成長しているとはいい難いのです。

ROAで、会社が健全に成長しているか確かめる

会社が順調に成長しているかを確かめるには、収益性分析で使った「総資産利益率（ROA）」が役立ちます（→P58）。ROAは、「資産→売上→利益」のサイクルの効率性を表し、「資産に対してどれだけの利益を得られたか」を判断する指標でした。

従って、時系列分析を行い、ROAの数値が変わらなければ、資産の増加と同じペースで利益も増加しているといえます。そのような会社は、収益性を犠牲にすることなく成長できていると判断してよいでしょう。

一方で、ROAの数値が下がっている場合は、資産の増加に利益の増加が追いついておらず、会社の収益性が低下している証拠です。そんなときは、会社のどの部分に原因があるのか調べてみる必要があります。

次のページでは、そのための方法をみていきましょう。

5章 会社の「成長性」はココをみる 03 資産の成長パターン

ROAを2つに分解して低下の原因を探る

　ROAについて、もう一度おさらいをしてみましょう。ROAは、「総資産回転率」と「売上高利益率」の2つに分解できるのでした（→P60）。これを式にすると、次のとおりとなります。

ROA ＝
総資産回転率（売上÷資産）×
売上高利益率（利益÷売上）

　従って、ROAが低下している場合は、このうちのいずれかの数値が悪化しているはずです。

①「総資産回転率」が悪化している

　総資産回転率は、「資産からどれだけ売上を生み出せているか」をみる指標でした。この数値が低下している場合、資産の成長に見合った売上の増加ができていないといえます。

　具体的な原因としては、例えば、設備投資を行ったにもかかわらず、稼働率があがらず売上の増加に結びついていないといったケースが考えられます。

　また、売上を生み出さない「現金」や「有価証券」といった脂肪（流動資産）ばかりが増えていれば、体（資産）は大きくなっても運動量（売上）は増えていきません。

②「売上高利益率」が悪化している

　一方、売上高利益率は、「売上に対する利益の割合」を表しました。これが低下した場合は、ムダな動きが増えた、つまり効率的な経営ができていないということです。

　その原因はさまざまですが、例えば、商品競争力の低下により価格が下がったケースや、販売効率が落ちた（売上に対する人件費が増えた、商品が売れず広告宣伝費を増やした）ケースが考えられます。

　このように、ROAに低下がみられたときは、まず総資産回転率と売上高利益率のどちらに原因があるかを見極め、さらにその悪化の原因がどこにあるのかを、決算書の項目を細かくみていくことで、明らかにします。

 成長性と一緒に資金繰りをチェック！

　資産に比例して売上や利益が伸びているかを確認するのと同じように、「資産がどのような要素によって構成されているか」を確認することも大切。人間でも、筋肉によって体が大きくなったのと、贅肉によって太ったのとでは大違いだろう。

　会社にとっての脂肪とは流動資産、なかでも「売上債権」と「棚卸資産」は"悪玉コレステロール"といえる。なぜならこれらが増えることで、会社の資金繰りが悪化するおそれがあるからだ。

　例えば、無理に成長させようと売掛金や在庫を増やした場合、運転資金のサイト（決済期限）が長期化してしまう。すると、営業キャッシュ・フローではその分の現金がマイナスになってしまうのだ（→P83）。

　このように会社の成長性と安全性には、相反する（一方があがると、一方が下がる）側面があることを理解しておくのが大切である。

　急成長している会社は、貸借対照表とキャッシュ・フロー計算書で、増加した資産の内訳と資金繰りの流れに異常がないか確認してみよう。

会社が成長するパターン①-2
自力による成長（借入あり）

ここまでは、100%自己資本のみで成長するパターンをみてきました。次に、同じ自力による成長でも、借入金を活用して成長するパターンをみていきましょう。

借入金、つまり負債は、上手に使うことで「レバレッジ（てこ）」が働きます（→P64）。

事業で生み出した利益だけでは、その範囲でしか資産を増やせませんが、**負債（他人資本）の力を借りることで、より速く、事業規模を拡大できる**のです（→下図）。

会社は人とは違い、自分の意思で成長のスピードを速めることができます。負債はそのための便利な道具（まさにロボットスーツ）ともいえるのです。

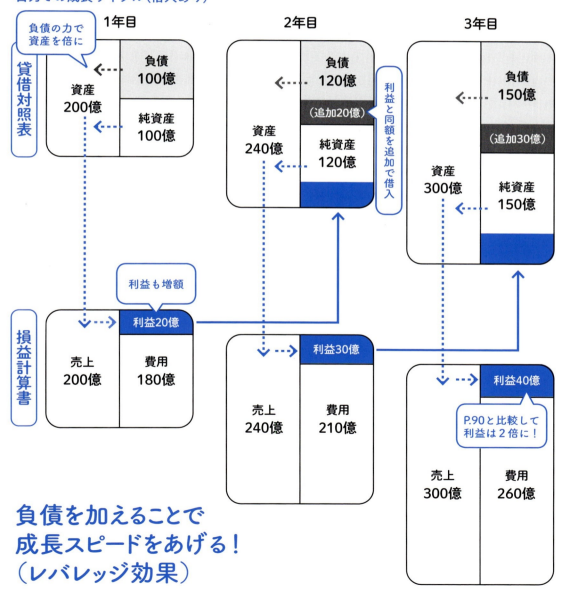

負債を加えることで成長スピードをあげる！（レバレッジ効果）

負債の増加は純資産とのバランスが大切

前ページの図は、会社が負債を活用して成長していくサイクルを視覚的に表したものです。自己資本のみで成長していくパターン（→P90）と比べると、「資産」「売上」「利益」が加速度的に増加していることがわかると思います。

ここで注目してほしいのは、「純資産」が増えた分だけ「負債」も増えていることです。

例えば、1年目で得た20億円の利益を加えて、2年目の純資産は120億円に増えていますが、同じように負債も2年目に20億円増えて120億円になっています。3年目も、純資産、負債ともに30億円増えて150億円になっていますよね。

じつはこのような増え方をしているのには、「自己資本比率を50％にキープすることで安全性を維持する」という大きな理由があります。つまり**純資産の増加と同じ分だけ借入（負債）を増やしていくことで、財務的に安全性を保ちながら成長を加速できる**のです。

負債を活用すれば会社の成長スピードは速まりますが、必要以上の負債は身を滅ぼすリスク因子となります。人に例えるなら、細い骨格の上に無理をして重いロボットスーツを着た結果、スーツの重みに負けて体が押し潰されてしまうようなものです。

必要以上にお金を借りすぎないためには、自己資本の増加と同じ割合で負債を増やせばよく、これが会社にとって安全に成長できる速度であるといえるのです。なお、これを「持続可能成長率」と呼びます。

「有機的成長」と「無機的成長」

ここまで自力による成長（既存事業の拡大による成長）をみてきたが、会計の専門用語でこれを「有機的成長」という。"有機的"という言葉のとおり、植物が光合成によって自らつくり出した栄養分によって、少しずつ成長していくイメージだ。

それに対し、他社を買収・合併するなど、新しい事業を獲得することで成長することを「無機的成長」という（→次ページ）。

日本の会社の場合は、有機的成長、つまり事業によって得た利益や負債を活用して成長していくことがほとんどである。その成長曲線をグラフにすると、概ね右のような形になる。

有機的成長は、順番に「シードステージ」「アーリーステージ」「ミドルステージ」「レイターステージ」の4つのステージに分けられる。簡単にいうと、シードステージは起業準備の段階、アーリーステージは起業直後から事業を軌道に乗せる段階、ミドルステージは事業の収益化が加速し発展していく段階、レイターステージは事業が成熟し成長が横ばい（もしくは下降）になる時期だ。

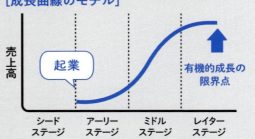

[成長曲線のモデル]

レイターステージに突入した会社で、本業での成長がこれ以上見込めない場合は、事業を再編する必要に迫られる。いわば有機的成長の限界である。その対処法としては、不採算事業を切り離すほか、成長期にため込んだ内部留保を活用して、他企業を買収するといった方法も考えられる。これが無機的成長である。

無機的成長は、企業を急成長させる手段であるとともに、停滞した会社を再び成長路線に戻す「てこ入れ」としての手段でもあるのだ。

会社が成長するパターン②
他社の買収・合併による成長

最後のパターンは、他社を買収・合併することで成長する方法（<u>無機的成長</u>）です。

これは「M&A（Merger and Acquisition）」とも呼ばれ、会社はM&Aを通じて別の会社を取り込んだり、合体したりすることで、一気に資産規模（体の大きさ）を倍にすることもできます。

M&Aと聞くと、"会社を乗っ取る"というイメージをもっている方もいるかもしれません。しかし必ずしもそればかりではなく、むしろお互いの弱点を補って競争力を強化するために合併するケースのほうが、数としては多いのです。

M&Aの利点は、ただ一足飛びに資産を拡大できるというだけではありません。

例えば、ソフトバンクグループは、ご存じのとおり国内外でM&Aを繰り返すことで、黎明期の事業であったソフトウェアの流通から、IT、通信分野へと進出し、大きく成長することに成功しました。

このように、M&Aを行うことで、自前では開発に何年もかかる技術や、獲得が難しい新規顧客を一気に手に入れることができます。言い換えれば、**M&Aとは、「お金で時間を買う」戦略**でもあるのです。

M&Aを積極活用している業界としては、製薬業界やIT業界が挙げられます。製薬会社は合併によって研究開発費の規模を拡大し、新薬の開発ペースを加速、またIT業界は大手がベンチャー起業を買収することで、ニッチな技術力を短期間で手に入れています。

超速！まとめ
① 会社は「自力で成長」する方法と「M&Aで成長」する方法がある
② 自力成長の場合、ROAの低下と負債・純資産のバランスに注意
③ M&Aは、自力では不可能な成長を、短期間で可能にする

課外Lesson
知っておきたい会計知識⑤

グローバル企業が続々採用！
IFRS（国際財務報告基準）のしくみを知ろう
［後編］

　P84の損益計算書に続いて、貸借対照表の違いをみていきましょう。

　まず、単純に呼び方が変わります。貸借対照表は「財政状態計算書」※と呼ぶほか、固定資産は「非流動資産」、固定負債は「非流動負債」に変わります。いずれも内容に変化はないので、呼び方が違うとだけ知っておけばOKです。

　日本基準とIFRSで、最も違いが表れるのが「のれん（goodwill）」の償却方法です。

　のれんは、一般的には会社の技術力やブランド力といった「目にみえない資産価値」を意味します。企業会計的にもう少し厳密にいうと、のれんは企業買収の際に発生する「被買収企業の純資産と買収価額との差額」を指します。例えばA社が、純資産100億円のB社を120億円で買収したとき、120億円から100億円を差し引いた「20億円」が、のれん（目にみえない資産）となり、無形固定資産として貸借対照表に計上されます。

　ただし、のれんは、未来永劫に資産価値が変わらないわけではありません。

　日本基準では、のれんは計上後、20年以内に規則的に償却することになっています。先ほどの例でいえば、1年目は20億円ですが、2年目は19億円、3年目は18億円と、1億円ずつ無形固定資産に計上する金額を減じていきます。また、償却されたのれんの金額（1億円）は、損益計算書の特別損失に計上され、収益からも引かれます。

　ところがIFRSでは、「のれんは有形固定資産のように経年劣化はしない」との考えから規則的な償却は行いません。毎期「減損テスト」を実施し、将来見込まれる利益が、のれんの金額を大きく下回ると判断された場合のみ、減損処理を行います。そのため業績が急降下すれば一度に数百億単位の減損が発生し、営業利益が著しく棄損されることもあります。

※ 英語では「Statement of Financial Position（F/P）」と表記する。本書ではB/Sと略記することも

実践

第6章

話題の会社の決算書を読もう

※表・文中における項目名や数値は、原則各社の発表資料に基づくため、若干計算と合わない場合があります。また、長い正式名称や厳密な数値にこだわるあまり、わかりやすさや本質の理解が妨げられると判断した場合、著者と編集部の判断により、数値は概算したものにしたり、項目名は簡略表記にしたりしている場合があります

実践に入る前に どんな手順で決算書を読めばいい？

決算数字に隠された「ストーリー」を読み解こう！

まずは決算短信のサマリー（概要）をみて気になる「ギモン」を深掘りしていく

ギモン①
なぜ、売上が増えたのに営業利益は前期から減少したのか？

ギモン②
営業利益が減ったのに当期純利益が増加した要因はなにか？

ギモン③
4600億円以上増えた資産の「中身」とは？

ギモン④
ROA（総資産当期純利益率）が低下した一方で、ROE（自己資本当期純利益率）が上昇したのはなぜか？

ギモン⑤
投資CFのマイナスが前期から大幅に増えた要因はどこにある？

ポイントは「なぜ？」「その理由は何？」の視点

朝夕電機株式会社とは……

1970年創業。国内外に14のグループ企業を有する大手電機メーカー。年間売上規模は1兆円強で、業界順位は第11位。一般家庭向けの電化製品の開発・販売のほか、企業向けにIT事業、半導体事業などを行う。業界では比較的新興の企業だが、デザイン性・機能性に優れた家電を販売して成長。ここ数年は家電の売上が頭打ちになりつつあるが、一方で半導体事業に力を注いでいる。

サマリーに目を通せば財務三表の読みどころがわかる

ここからは、いよいよ決算書を読み解いていきます。実際の会社の決算分析（→P104）に入る前に、まずはウォームアップとして、「決算分析の流れ」を確認していきましょう。

情報は鮮度が命です。会社の決算がいち早く公開されるのが「決算短信」（→P13）で、投資家は真っ先に目を通します。皆さんも、**はじめに決算短信の「サマリー（概要）」欄に目を通す**ことをお勧めします。

左の表は、架空の企業である「朝夕電機」のサマリーです。実際の決算短信でも、最初にこのようなサマリーがあり、その年の経営成績、財政状態、キャッシュ・フローなどの**要点が1ページでまとめられています。**

では、このサマリーから、試しに朝夕電機の業績を分析してみましょう。

まずは**（1）連結経営成績**の欄をみると、当期は売上高が7.2％アップした一方で、営業利益は11.9％ダウン。そのため営業利益率は、前期から1.9ポイント下がっています。収益性が落ちているように感じられます。

続いて**（2）連結財政状態**をみると、総資産が前期から4654億円（24.5％）も増える一方、自己資本比率は6.1ポイント低下。つまり負債（他人資本）が大きく増えたことがわかります。

最後は**（3）連結キャッシュ・フローの状況**です。営業CFが前期から微増にとどまったのに対し、投資CFは2.9倍に膨らみ、4352億円もの大幅なマイナスに。資金流出をカバーするために、財務CFで2222億円を外部から調達。輸血が欠かせない状態です。

さて、ここまでざっと業績のポイントをみた限りでは、運動能力も健康状態も、あまり調子がよくないように感じられます。

ただし、**これだけで判断を下すことはできません。**これはまだ朝夕電機の表面をなぞったに過ぎません。さらに詳しくサマリーをみると、概要ではわからない「5つのギモン」が浮かび上がってきます（→左ページ）。

実はこのギモンこそが、決算書を素早く、的確に読み解くための"道標"となってくれます。**サマリーを読むのは、会社の全体像をとらえると同時に、財務三表それぞれの"読みどころ"を知る作業でもあるのです。**

では、このギモンを基に、次ページから朝夕電機の損益計算書、貸借対照表、キャッシュ・フロー計算書を分析していきましょう。

サマリーからみた朝夕電機のイメージ

- **営業利益率は低下**
  ↳ 運動量は上がったが、運動効率は下がった。
- **総資産額は約25％増加**
  ↳ 体はひと回り大きくなったものの、
- **自己資本比率は低下**
  ↳ 骨は細くなり安定性が損なわれた。
- **前期の約3倍の資金を投資**
  ↳ ハードな筋トレにより貧血気味になったため、
- **2222億円の資金を外部から調達**
  ↳ 輸血することで血流をカバーしている。

一見、不調にみえるが、実際は……？

数値の「増減率」と収益・費用の「内訳」に注目

はじめに損益計算書から分析していきます。

下の表は、損益計算書から主要な項目を抜き出してまとめたものです。「数字がずらりと並んでいて、どこをみればいいのかわからない……」と思われるかもしれません。そんなときは、**数値の「増減率」に注目**しましょう。**増減率が大きい項目は、その背後に会社の好不調の原因**が隠れているものです。

上からみていくと、まず売上高が前期から7.2％増えたのと同時に、売上総利益も7.9％増加。そのため粗利率は、前期からほぼ変わっていません。つまり商品の競争力や付加価値が落ちたわけではなさそうです（→P26）。

では、 **ギモン①** なぜ営業利益は減ったのか。その答えは、**売上総利益と営業利益の「間」**にあります。販管費の増減率をみると、前期から19.6％の大幅アップ。理由を探るため、販管費の内訳を調べると、研究開発費が310億円（45.2％）も増えていることがわかりました。

実は朝夕電機は、ここ数年、家電製品の売上が伸び悩む一方で、半導体事業の売上が2ケタ増加を続けています。そこでより高性能の製品を開発するため、当期は半導体事業に500億円もの研究開発費を投じたのです（こうした詳しい情報は、実際には有価証券報告書や投資家向け説明資料に記載されています）。

では、 **ギモン②** 営業利益が減少したのに、なぜ当期純利益は伸びたのでしょうか。

再び増減率に目を向けると、特別利益が前期から31倍も増えています。**内訳をみると、**前期にはなかった「関係会社株式売却益」が198億円も計上されていることがわかりました。

朝夕電機は、半導体を強化する一方で、年々コストが膨らみ利益率が低下しているモバイル事業を2020年6月に1200億円で売却。その売却益の一部※が特別利益の項目に計上され、当期純利益を押し上げていたのです。

得意分野（半導体）を伸ばし、苦手分野（モバイル）をなくすのは、体に例えると、より速く走るために肉体改造をしてフォームを改良するようなもの。今はその過渡期なのです。

損益計算書（P/L）より

（百万円）

	20年3月期	21年3月期	増減率
売上高	1,277,096	1,368,907	7.2%
売上総利益	366,154	395,218	7.9%
販売費及び一般管理費	230,526	275,679	19.6%
給料及び手当	21,689	24,867	14.7%
研究開発費	68,412	99,351	45.2%
営業利益	135,628	119,539	−11.9%
営業外収益	4,281	3,973	−7.2%
金融収益	3,875	3,689	−4.8%
営業外費用	2,972	9,747	3.3倍
支払利息	2,351	8,318	3.5倍
経常利益	136,937	113,765	−16.9%
特別利益	919	28,846	31.4倍
関係会社株式売却益	−	19,789	−
特別損失	19,382	18,225	−6.0%
税引前当期純利益	118,474	124,386	5.0%
親会社株主帰属当期純利益	72,541	84,189	16.1%

ギモン①の答え

研究開発費が前期から310億円（45.2％）増加。売上総利益の増加（7.9％）以上に、販管費が膨らんだ（19.6％）ため営業利益が減少。

ギモン②の答え

当期はモバイル事業を売却。売却益の一部である198億円が特別利益として計上されたことで、当期純利益が押し上げられた。

※ 子会社を売却した場合、売却額から子会社の簿価を差し引いた「差額」が、利益（株式売却益）と認識されて損益計算書に計上される。朝夕電機の場合、簿価1000億円のモバイル事業を1200億円で売却したため、差額の200億円（売却手数料除く）が、関係会社株式売却益として計上された

資産の増加を支えているのが負債か純資産かを見極める

続いて、貸借対照表から、朝夕電機の体つきと健康状態を調べてみましょう。

まず目にとまるのが、総資産（資産合計）が前期から4654億円（24.5％）も増えている点。**急激に巨大化**していますが、 ギモン③ 体のどんな部分が増大したのでしょうか。

まずは「資産の部」の増減率をみます。当期は流動資産が7.8％増えたのに対し、固定資産はなんと42.2％も増加。巨大化の**主な要因は、脂肪ではなく筋肉**だとわかります。

さらに固定資産の内訳を調べると、有形固定資産が43.1％増、無形固定資産が56.6％増と、どちらも前期の約1.5倍まで増加。決算説明資料によると、半導体の生産量アップのため、20年8月に新たに約1000億円の自社工場を建設したことがわかりました。さらに9月には、半導体事業とのシナジー創出を目的として、米・IT企業を約3000億円で買収。これにより特許やソフトウェアといった無形資産

が1500億円分増えただけでなく、のれんに新たに700億円が計上されました。

これらの資産増加を支える元手を調べるため、続いて貸借対照表の右側をみてみましょう。

増減率をみると、負債合計が37.7％も増えた一方で、純資産合計は6.9％しか増えていません。つまり増加した**筋肉の大部分は、借り物の骨格（負債）**で支えられていることがわかります。

有利子負債（短期＆長期借入金と社債の合計額）は、前期から2500億円増えたのに対し、株主資本は549億円（5分の1程度）しか増えていません。自己資本比率が42.6％から36.5％へと低下し、**骨格が細くなって**しまいました。

さらに資産（体）の成長に、売上と利益（運動能力）の伸びが追いついていないため、資産の有効活用度を表すROA（→P58）は3.8％から3.6％に低下。 ギモン④ それにもかかわらず、自己資本の有効活用度を表すROE（→P62）が9.0％から9.8％まで上昇したのは、負債の依存度、つまりレバレッジ（→P64）が高まったためです。ROEの上昇が、安全性の低下と裏腹の関係であることに注意しましょう。

貸借対照表（B/S）より

（百万円）

資産の部	20年3月期	21年3月期	増減率
流動資産	974,628	1,050,667	7.8％
現金及び預金	202,775	254,301	25.4％
受取手形及び売掛金	278,690	318,909	14.4％
有価証券	153,967	165,076	7.2％
商品及び製品	236,238	244,589	3.5％
固定資産	921,535	1,310,861	42.2％
有形固定資産	413,867	592,412	43.1％
無形固定資産	382,339	598,807	56.6％
のれん	213,796	284,423	33.0％
投資その他の資産	125,329	119,642	－4.5％
資産合計	1,896,163	2,361,528	24.5％

（百万円）

負債の部	20年3月期	21年3月期	増減率
流動負債	658,157	878,461	33.5％
短期借入金	218,532	298,677	36.7％
固定負債	425,427	614,057	44.3％
社債	100,721	150,964	49.9％
長期借入金	229,678	349,315	52.1％
負債合計	1,083,584	1,492,518	37.7％
資本（純資産）の部			
株主資本	807,431	862,319	6.8％
利益剰余金	328,679	383,247	16.6％
純資産合計	812,579	869,010	6.9％
負債及び純資産合計	1,896,163	2,361,528	24.5％

ギモン③の答え
工場建設と企業買収によって、有形固定資産と無形固定資産（のれん）が大幅に増加した。

ギモン④の答え
借入金の増加により負債比率が大きく上昇したことで、レバレッジがかかりROEが高まった。

6章　話題の会社の決算書を読もう　決算書の読み方

フリーCFが黒字か赤字かで財務CFの動きも変わってくる

最後に、キャッシュ・フロー計算書から血流の状態を調べてみましょう。

キャッシュ・フロー計算書の役割は、損益計算書ではわからない「実際の現金の出入り」を調べることでした（→P43）。当期の営業CFは、税引前利益と減価償却費が増加したことで、前期から215億円（9.3％）増加。しかし、その生み出した現金を遥かに上回る投資を行ったことで、投資CFが大幅にマイナス。巨額資金が流出しています。 **ギモン⑤** 一体、何に使ったのでしょうか。

投資CFの **内訳をみると、** 有形固定資産の取得に1905億円、事業の取得に3016億円が投じられています。ここで思い出してほしいのが、貸借対照表の資産の変化です（→前ページ）。朝夕電機は当期、半導体の自社工場を1000億円で建設、さらにIT企業を3000億円で買収しました。これらの費用が、投資CFでの巨額資金流出の主因となっていたのです。

事業で生んだお金（営業CF）を大幅に上回る投資を行ったため、自由に使えるお金を表すフリーCF（→P78）は1817億円のマイナスに。このままでは、これまでに積み上げたお金（現金残高）を棄損することになります。

そこで財務CFをみると当期は2222億の資金を外部から調達。今後の投資に備え、現金を確保したようです。

内訳を調べると、短期借入金で805億円、社債発行で500億円、長期借入金で1195億円、合計2500億円を借り増しました。資金不足以上に借入を行った結果、手元現金は515億円増加しました。

色々な角度から借金を分析して安全性の高低を判断する

ここまで駆け足で財務三表を分析してきました。 **最後に、これほど多額の借金をして大丈夫なのか、安全性を分析** してみましょう。自己資本比率以外にも、主な安全性指標を計算して、多角的に借金のリスクを測っていきます。

キャッシュ・フロー計算書（C/S）より
（百万円）

	20年3月期	21年3月期	増減率
営業活動によるキャッシュ・フロー	231,975	253,447	9.3%
税引前当期純利益	118,474	124,386	5.0%
減価償却費	101,964	128,741	26.3%
売上債権の増減額	−27,921	−40,219	44.0%
棚卸資産の増減額	−9,859	−10,351	5.0%
投資活動によるキャッシュ・フロー	−148,249	−435,178	2.9倍
有形固定資産の取得による支出	−86,288	−190,523	2.2倍
事業取得による支出	−	−301,599	−
事業売却による収入	−	120,152	−
フリー・キャッシュ・フロー（営業CF＋投資CF）	83,726	−181,731	−
財務活動によるキャッシュ・フロー	−66,428	222,189	
短期借入金の増減額	−42,775	80,528	
社債の発行による収入	−	50,015	
長期借入金の増減額	−26,789	119,477	
現金及び現金同等物の増減額	9,609	51,526	5.4倍
現金及び現金同等物の期末残高	202,775	254,301	25.4%

ギモン⑤の答え

工場建設に約1000億円、企業買収に約3000億円を投資。一方で、モバイル事業の売却益約1200億円が流入。差し引き2800億円の資金が前期投資CFよりも余計に流出したことで、投資CFのマイナスが膨らんだ。

まず、実質的な借金の大きさを表すネットD/Eレシオ（→P72）を計算すると、前期の0.4倍から0.6倍に悪化。また、借金の利払い能力を表すインタレスト・カバレッジ・レシオ（→P76）は、営業利益が減少した一方で、借入金の増加により支払利息が膨らんだことから、59倍から15倍へと大幅ダウンしました。さらに借金完済までの年数を表す債務償還年数（→P76）は、1.5年から2.1年へと長期化しています。

このように借金が膨らんだことで、安全性指標は軒並み悪化しました。とはいえ、どの数値もまだ安全圏内であり、すぐに債務不履行に陥る危険性はないといっていいでしょう。

また、「借金を増やした理由」を考慮することも大切です。朝夕電機の場合、事業存続のためではなく、工場建設や企業買収の資金として用いた、いわば"攻めの借金"。ある程度のリスクをとってでも、成長速度を上げたいという経営戦略の表れとも評価できます。

いかがでしたでしょうか。最初は少し不調な印象のあった朝夕電機ですが、サマリーの「隙間」に隠れたギモンの答えを財務三表から読み取っていくことで、より多面的なとらえ方ができるようになったかと思います。

実際の決算書は、もっと多くの要素が複雑に絡み合っていますが、分析の手法に大きな違いはありません。次ページからは、いま話題の会社の決算書を読み解いていきます。謎解きをする感覚で、決算書の裏側にある「ストーリー」をぜひ楽しんでください。

財務三表分析後の朝夕電機のイメージ

一時的に運動効率が落ちたが、肉体とフォームの改善により、今後の成績には期待がもてる。相対的に骨格は細くなったが、今後の運動で補強されていくだろう。高負荷のトレーニングによって、成長をより早めたいという意志の強さが感じられる。

ガンバレ
朝夕電機……!

+α 決算書を「投資」の判断材料に活用する

決算書は、株式投資の判断材料にも使える。代表的な指標が「株価収益率（PER）」だ（→P68）。これは株価を「一株当たり利益（EPS）」で割ったもので、株価が「割安」か「割高」かの目安となる。

例えば、朝夕電機の現在の株価が1万円、次期の予想純利益を基に計算したEPSが671円だった場合、「1万円÷671円」でPERは14.9倍になる。それに対し、同業B社のPERが18倍、日経平均が16倍だとすると、朝夕電機の株価は割安にみえる。決算説明資料に記載されている予想の根拠と成長に確信がもてれば、朝夕電機の株は「買い」（これから株価が上がる）という判断も可能だろう。一方で、同業他社や日経平均PERと比べて高い場合は割高にみえるが、これは市場からの期待の高さの表れでもあり、さらに予想を超えて成長を遂げる場合もある。PERは会社の成長力と比較しながら、総合的に判断したい。

超速！まとめ

① まずは決算短信のサマリーから、分析のポイントを探る
② 数値の「増減率」に注目して、大きく変動した項目を察知する
③ 財務三表の項目の「内訳」から、変動の要因を読み解く

テスラ の決算書を読む

一言でいうと 世界各国で電気自動車の普及が加速！
利益・資産ともに急成長を続ける

EVブースト

時代の追い風を感じるぜ……！

◎決算書サマリー（Form10-K【米国基準】連結より）

(百万ドル)

損益計算書（P/L）

	19年12月期	20年12月期
売上収益（Total revenues）	24,578	31,536
営業利益（Income from operations）	−69	1,994
親会社所有者帰属当期利益	−862	721
（総資産当期利益率＝ROA）	(−2.5％)	(1.4％)
（株主資本当期利益率＝ROE）	(−13.0％)	(3.2％)

貸借対照表（B/S）

	19年12月期	20年12月期
資産合計（Total assets）	34,309	52,148
株主資本（Total stockholders' equity）	6,618	22,225
（株主資本比率）	(19.3％)	(42.6％)
一株当たり純資産（USドル）	7.3	23.2

キャッシュ・フロー計算書（C/S）

	19年12月期	20年12月期
営業活動によるキャッシュ・フロー	2,405	5,943
投資活動によるキャッシュ・フロー	−1,436	−3,132
財務活動によるキャッシュ・フロー	1,529	9,973
現金及び現金同等物期末残高	6,783	19,901

次期業績予想

	21年12月期	前期比増減率
売上収益（Total revenues）	非開示	−
親会社所有者帰属当期利益	非開示	−
一株当たり利益（EPS）（USドル）	非開示	−

決算の5つのギモン

① 売上収益は7654億円（28.3％）増加。急拡大の背景にはどんな要因が？

② 最終利益は793億円で初の黒字化！損益を左右する2つの費用とは？

③ 総資産は5.7兆円（1.5倍）に拡大。体のどんな部分が成長したのか。

④ 株主資本は1.7兆円（3.4倍）も急増。どうやって自己資本を増やした？

⑤ 現金残高は2.2兆円まで大幅増。キャッシュを貯める意図はどこに？

※テスラの決算書を読む上での注意事項
表中のデータはすべて「百万ドル」単位で記載。ただし本文中の金額は、規模をつかみやすくするため「円」で表記した。本文の金額は「1ドル＝110円」で換算。

☞ 運動量（売上収益）
前期から **28%** UP

☞ 運動効率（営業利益率）
前期から **6.6ポイント** UP

☞ 体の大きさ（総資産）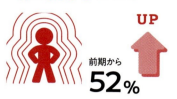
前期から **52%** UP

☞ 骨の太さ（自己資本比率）
前期から **23.3ポイント** UP

☞ 血液生産量（営業CF）
前期から **2.5倍** UP

☞ 筋トレ量（投資CF）
前期から **2.2倍** UP

6章 話題の会社の決算書を読もう 実践01

収益性　黒字化でROA・ROEはプラスに。営業利益率はマツダ、SUBARU超え

決算書のココをみる！

会社HPの「Documents and Events」から各年の「10-K」（年次報告書）を確認。損益計算書と貸借対照表から営業利益率、ROA、ROEの増減を計算するほか、同業他社の数値とも比較してみる。

安全性　自己資本比率は40%超える。流動・固定比率も全く問題なし

決算書のココをみる！

貸借対照表から自己資本比率（株主資本比率）を確認。また、流動資産と流動負債から流動比率を、固定資産と純資産から固定比率を計算して、短期・長期の資金繰りの安全性を調べてみる。

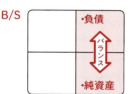

成長性　過去5年間で売上収益は4.5倍、総資産は2.3倍に急拡大

決算書のココをみる！

損益計算書から過去5～10年分の売上収益の増減率を調べる。同じく、貸借対照表から資産合計（総資産）とROAの増減を確認し、会社規模と利益が成長しているか調べてみる。

EV市場の拡大を追い風に 売上は5年間で4.5倍まで増加

電気自動車（EV）の開発・製造などを行うテスラ社は、2003年に米国で創業しました。宇宙開発事業を行うスペースX社を起業したイーロン・マスク氏が、共同創業者として04年に参画し、08年に最初期モデルとなる「ロードスター」の販売を開始。トヨタ自動車（創業1937年）やフォード（創業1903年）など、**大手自動車メーカーと比べると圧倒的に後発**でありながら、現在はEV市場で、世界をリードする会社にまで成長しました。

過去5年の業績を時系列分析すると、**売上収益は7700億円から3.5兆円と4.5倍に拡大**（①）。年間伸び率は46％と急成長を遂げています。特に20年は新型コロナウイルスの影響で世界的に自動車需要が減少し、**業績堅調なトヨタでさえ8.9％の減収だったのに対し、同社の売上は28.3％も増加**。脱炭素社会に向けて各国がEVの普及を促進していることを追い風に、急速に業績を伸ばしています。

続いて、売上の内訳をみてみましょう。同社は自動車事業のほか、ソーラー発電・蓄電事業（②）も行っていますが、**売上の8割強は自動車事業**が稼いでいます（③）。

特徴的なのは、そのうち1738億円が「クレジット（排出枠販売）収入」であるということ（④）。欧米や中国では、各自動車メーカーに対しCO$_2$などの温暖化ガスの排出枠を設けており、これを超過した場合は、罰金を支払うか他のメーカーから余った排出枠を購入しなければなりません。ガソリン車を販売していないテスラは、与えられた**排出枠を丸ごと他社に販売することで、これまで大きな収益を得てきた**のです。クレジット収入はコストがかからないため「売上＝利益」であり、**当期の営業利益（⑤）の実に79％**を占めています。同社にとってクレジット収入の恩恵が、いかに大きいかがわかります。

一方で、クレジット収入を除いた自動車売上総利益率は、過去5年間で19〜22％の水準（⑥）を保っており、**自動車販売のみでも安定的に利益は出ています**。売上がほぼ同規模の

損益計算書（P/L）より

（百万ドル）

	16年12月期	17年12月期	18年12月期	19年12月期	20年12月期	
売上収益	7,000	11,759	21,461	24,578	31,536	①
自動車売上収益	6,351	9,642	18,515	20,821	27,236	③
クレジット収入	302	360	419	594	1,580	④
発電・蓄電事業売上収益	181	1,116	1,555	1,531	1,994	②
売上総利益	1,599	2,223	4,042	4,069	6,630	
（粗利率）	（22.8％）	（18.9％）	（18.8％）	（16.6％）	（21.0％）	⑦
自動車売上総利益	1,601	2,209	4,341	4,423	6,977	
（調整後自動車売上総利益率）	（21.5％）	（19.9％）	（21.7％）	（18.9％）	（21.0％）	⑥
営業費用	2,267	3,855	4,430	4,138	4,636	⑧
研究開発費	834	1,378	1,460	1,343	1,491	
（売上収益研究開発費比率）	（11.9％）	（11.7％）	（6.8％）	（5.5％）	（4.7％）	⑨
販売費及び一般管理費	1,432	2,477	2,835	2,646	3,145	
（売上収益販管費比率）	（20.5％）	（21.1％）	（13.2％）	（10.8％）	（10.0％）	⑩
営業利益	−667	−1,632	−388	−69	1,994	⑤
（売上収益営業利益率）	（−9.5％）	（−13.9％）	（−1.8％）	（−0.3％）	（6.3％）	⑪
親会社所有者帰属当期利益	−675	−1,962	−976	−862	721	⑫

SUBARU（2.8兆円）やマツダ（2.9兆円）と比較しても、当期の粗利率はテスラ21.0％　⑦、SUBARU17.4％、マツダ21.3％と肩を並べており、**歴史ある日本の自動車メーカーに劣らぬ収益力を得つつある**と言えるでしょう。

営業利益については、これまでは営業費用　⑧　が売上総利益を上回る状態が続いてきましたが、当期は売上収益が拡大したことでようやく損益分岐点（→P67）を超えて利益が出るようになりました。過去5年間で、研究開発費比率は11.9％から4.7％へ　⑨、販管費比率は20.5％から10％へ　⑩　半減しています。これらは固定費的な性格があるため、売上が拡大するほど費用の占める割合は小さくなります。

これにより当期の営業利益率は6.3％のプラス　⑪　に転じ、最終利益は793億円　⑫　と、**通期決算では初の黒字**を達成しました。

年間生産台数は右肩上がり 100万台超えも射程圏内に

損益計算書から自動車事業の好調がうかがえるテスラですが、実際にはどんな自動車をどれだけ生産しているのでしょうか。

20年の生産台数を調べると、高級セダンの「Model S」および高級SUVの「Model X」は、合わせて5.5万台で、前年より12.9％減少しています。前者は12年、後者は15年に発売されたモデルで、21年に新型を投入するため生産が抑制されていることが減少の要因です。

一方で、17年発売の「Model 3」と20年発売の「Model Y」（共にAWD）は、合わせて45.5万台（前期比50.5％増）と大きく増加。20年の第2四半期は新型コロナの影響で工場が停止したにもかかわらず、**年間の総生産台数は約51万台と前期から39.6％も増え**、同社の製品に対する強い需要がうかがえます（→下図）。

同社は、米・カリフォルニア州と中国・上海の2か所に製造工場があり、モデル「S」と「X」で10万台、モデル「3」と「Y」で95万台（計105万台）の生産能力を有しています。それに対し、当期の生産台数は半分程度に過ぎません。

ただ、21年第2四半期の累計生産台数は前期から倍増しており、このペースでいけば次期の年間生産台数は上限近くまで達する見込みです。さらに、米・テキサス州と独・ベルリンには、新たに「ギガファクトリー」を建設中です。

6章 話題の会社の決算書を読もう　実践01

テスラの自動車生産台数の推移

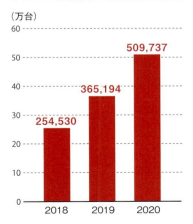

車種別の四半期推移

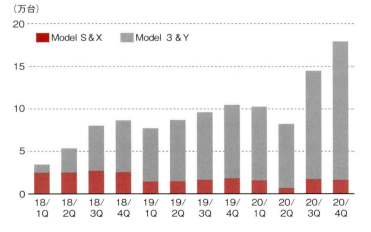

107

現金増加で体は1.5倍に巨大化 2兆円を生み出した方法とは?

　急激な利益（運動成果）の上昇に、資産（体つき）の成長は追いついているのでしょうか。

　貸借対照表をみると、当期の総資産は5.7兆円で前期から一気に2兆円（52%）も増加 ⑬。**体も急激に巨大化**していることがわかります。

　資産の中身をみると、自動車製造工場を含む有形固定資産が1.4兆円 ⑭ と、総資産の24%を占めています。ただ、前期からの増加率は23%弱であり、総資産の増加率に比べると緩やかなペースです。

　その一方で、**急拡大したのが「現金及び現金同等物」**です。当期は2.1兆円と、前期から209%も増加 ⑮。資産増加の実に7割強は預金の増加が占めています。その結果、総資産の37%をキャッシュが占める状態となりました。**いわば筋肉よりも脂肪がついた状態**ですが、同社は次期以降、複数の巨大工場を立ち上げる予定であるため、**遠からず脂肪（現金）は筋肉（設備）へと変わっていく**ことでしょう。

　では、急激な現金の増加を支えているものは何でしょうか。貸借対照表の右側に目を向けると、負債は前期から8.5%の微増 ⑯ にとどまっています。一方で、株主資本は前期の7280億円から当期は2.4兆円と、3倍以上に増加 ⑰。**キャッシュ急増の元手は株主資本**であることがわかります。これに伴い、**自己資本比率は19.3%から42.6%まで急上昇**しました。

　ここで気になるのが、なぜ急激に株主資本を増やせたのかということ。株主資本は、「留保利益（最終利益−配当金）」の分だけ蓄積され増えますが、同社の株主資本の増加分（1.7兆円）は、最終利益（793億円）を遥かに上回っています。この謎の答えは、次ページのキャッシュ・フロー計算書で明らかになります。

　同社のバランスシートで、もう一つ注目したいのが、事業継続に必要な「運転資金（→P80）の少なさ」です。売上債権 ⑱、棚卸資産 ⑲、買入債務 ⑳ から、資金回収までに要する期間を表す「キャッシュ・コンバージョン・サイクル（CCC）」（→P82）を計算すると、前期の15.8日から当期はマイナス6.7日まで減少。売上債権日数が短く（購入客はローンよりもキャッシュで購入）、買入債務日数が長い（資材調達先への支払いは猶予をもらっている）ため、**実質的には運転資金がなくとも事業が継続できる状態**にあります。

　同業他社のCCCを調べると、マツダは32.4日、SUBARUは67.7日となっており、**テスラの交渉力の強さ**が浮き立ちます。

貸借対照表（B/S）より

（百万ドル）

資産の部	19年12月期	20年12月期	
流動資産	12,103	26,717	
現金及び現金同等物	6,268	19,384	⑮
売上債権	1,324	1,886	⑱
棚卸資産	3,552	4,101	⑲
非流動資産	22,206	25,431	
建物及び構築物	10,396	12,747	⑭
無形資産	339	313	
リース車両	2,447	3,091	
資産合計	34,309	52,148	⑬

（百万ドル）

負債の部	19年12月期	20年12月期	
流動負債	10,667	14,248	
買入債務	3,771	6,051	⑳
短期有利子負債	1,785	2,132	
非流動負債	15,532	14,170	
長期有利子負債	11,634	9,556	
負債合計	26,199	28,418	⑯
純資産の部			
株主資本	6,618	22,225	⑰
負債及び資本合計	34,309	52,148	

血流良好も筋トレは控えめ 次期に向けて体力を温存

最後に血流の状態をみてみましょう。

営業CFでは、営業利益の3倍にもなる6537億円のキャッシュが流入(21)。これは、資金流出を伴わない減価償却費が2554億円差し戻されたこと(22)、さらに買入債務の回転期間が長期化したことで2312億円の資金が流入した(23)ことが要因です。

一方、投資CFは、有形固定資産への投資(24)を主因に3445億円の流出となりました(25)。先述したとおり、テスラは今後、大規模工場建設を予定しており、次期以降の投資CFは5000億円〜6500億円の支出に拡大する見込みです。

フリーCFは3092億円のプラス(26)。さらに財務CFでは1.1兆円もの資金が流入しています(27)。内訳をみると、当期は新規株式発行により1.4兆円を調達(28)しています。同社の株価は、20年初めの85ドルから年末の705ドルまで、**わずか1年で8倍以上も上昇**。この株高を利用して、時価発行増資※を実施したのです。そしてこれこそが、貸借対照表でみた「株主資本が増えた要因」になります。その結果、現金残高は2.2兆円と、前期の3倍弱の規模まで増加しました(29)。

ちなみに株価高騰により、マスク氏の資産は20兆円まで膨張。21年1月にはアマゾンの創業者ジェフ・ベゾス氏を抜き、世界一の富豪となりました。

キャッシュ・フロー計算書(C/S)より

(百万ドル)

	18年12月期	19年12月期	20年12月期	
営業活動によるキャッシュ・フロー	2,098	2,405	5,943	(21)
減価償却費	1,901	2,154	2,322	(22)
買入債務及び未払債務	1,797	646	2,102	(23)
投資活動によるキャッシュ・フロー	−2,337	−1,436	−3,132	(25)
有形固定資産取得による支出	−2,101	−1,327	−3,157	(24)
フリー・キャッシュ・フロー(営業CF+投資CF)	−239	969	2,811	(26)
財務活動によるキャッシュ・フロー	574	1,529	9,973	(27)
新規株式発行による収入	−	848	12,269	(28)
現金及び現金同等物の期末残高	4,277	6,783	19,901	(29)

投資家はココに注目!

高騰する株価に見合う実績を出せるか、これからが勝負

わずか1年間でテスラの株価は8倍にも急騰したが、この評価は正当なのだろうか。

試しに、20年の一株当たり利益(EPS)0.74ドルと、21年6月末の株価680ドルを用いて株価収益率(PER)を計算すると、919倍と極めて高い。米国市場の平均PERは20倍なので、テスラは現在の収益力を遥かに上回る飛躍的な成長を期待されている。

ではこの株価は、どこまで利益成長を織り込んでいるのだろうか。仮に、PER30倍で利益を逆算すると2.5兆円となり、トヨタの2.2兆円を超える。つまりテスラの株価は、同社がトヨタ並みの規模まで拡大することが既に織り込まれているとも指摘できる。

EUは、2035年以降、ガソリン車の新車販売を禁止する方針を発表しており、今後電気自動車の需要はさらに加速していくだろう。テスラはその優位性と先進技術を生かして、自動車業界で圧倒的なシェアを獲得できるのか、今後も目が離せない。

※ 株式の発行価格を市場価格(時価)と同等に設定して行う増資のこと。時価が高くなるほど、少ない発行株式数で多額の資金を調達できる(つまり一株当たり利益を毀損せずに増資できる)メリットがある

ソフトバンクG（グループ）の決算書を読む

一言でいうと 最高益達成も、乱高下する利益を安定できるかが課題

もっと投資エンジンを安定させないと

◎決算書サマリー（決算短信【IFRS】連結より）

（百万円）

損益計算書（P/L）

	20年3月期	21年3月期
売上高	5,238,938	5,628,167
税引前利益	50,038	5,670,456
（資産合計税引前利益率＝ROA）	(0.1%)	(13.7%)
親会社所有者帰属当期利益	−961,576	4,987,962
（親会社所有者帰属持分当期利益率＝ROE）	(−14.2%)	(61.9%)

財政状態計算書（B/S）※

	20年3月期	21年3月期
資産合計	37,257,292	45,750,453
資本合計（純資産）	7,372,917	11,955,593
（親会社所有者帰属持分比率）	(15.9%)	(22.3%)
一株当たり親会社株主持分（円）	2,619	5,589

キャッシュ・フロー計算書（C/S）

	20年3月期	21年3月期
営業活動によるキャッシュ・フロー	1,117,879	557,250
投資活動によるキャッシュ・フロー	−4,286,921	−1,468,599
財務活動によるキャッシュ・フロー	2,920,863	2,194,077
現金及び現金同等物期末残高	3,369,015	4,662,725

次期業績予想

	22年3月期	前期比増減率
売上高	非開示	−
税引前利益	非開示	−
親会社所有者帰属当期利益	非開示	−

決算の5つのギモン

① 売上高と税引前利益がほぼ同じ水準。なぜこのような現象が起きるのか？

② 純利益は国内史上最高の約5兆円！莫大な利益を生み出した原動力は？

③ 総資産もトヨタに次ぎ国内2位に。何がソフトバンクGの体を支えている？

④ 自己資本比率は6.4ポイント上昇。一方で、負債も3.9兆円増えた理由は？

⑤ 営業CFは前期の半分まで低下！なぜ利益増と資金流入が比例しない？

☞ 運動量（売上高）
前期から **7.4%** UP

☞ 運動成果（税引前利益）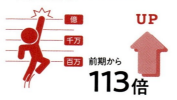
前期から **113倍** UP

☞ 体の大きさ（総資産）
前期から **23%** UP

☞ 骨の太さ（自己資本比率）
前期から **6.4ポイント** UP

☞ 血液生産量（営業CF）
前期から **50%** DOWN

☞ 筋トレ量（投資CF）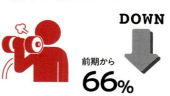
前期から **66%** DOWN

収益性　利益率は投資事業で乱高下。ソフトバンク（通信）事業は好調

決算書のココをみる！

会社HPの「IRライブラリー」の決算短信から各期の「連結業績」を確認。過去5〜10年分の税引前利益率、ROA、ROEの増減を調べる。また「セグメントの業績概況」から、各事業のセグメント利益も確認する。

決算短信（連結業績）'11 '16 2021
・税引前利益率
・ROA
・ROE
知りたい期間

決算短信（セグメントの業績概況）'11 '16 2021
・セグメント利益
知りたい期間

安全性　自己資本比率は改善も、依然として負債への依存度が高い

決算書のココをみる！

決算短信から各期の「連結業績」を確認。過去5〜10年分の自己資本比率（親会社所有者帰属持分比率）の増減を調べる。また、今期の財政状態計算書から、ネットD/Eレシオを計算してみる。

決算短信（連結業績）'11 '16 2021
・自己資本比率
知りたい期間

B/S
・現預金　・有利子負債
差し引く
比較
・純資産

成長性　5年間で総資産は約2倍に拡大。一方、売上高は36.6%減少

決算書のココをみる！

決算短信から各期の「連結業績」を確認。過去5〜10年分の資産合計（総資産）とROAを調べる。また、損益計算書から売上高の増減率も計算してみる。

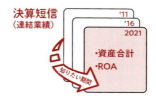
決算短信（連結業績）'11 '16 2021
・資産合計
・ROA
知りたい期間

P/L '11 '16 2021
・売上高（増減率）
知りたい期間

6章　話題の会社の決算書を読もう　実践02

史上最高5兆円の純利益達成！世界的な株高が追い風に

　孫正義氏率いるソフトバンクグループは、当期（2021年3月期）、国内史上最高額となる約5兆円もの純利益（①）を達成しました。これは**トヨタ自動車の純利益の2倍以上**で、米・アップル社、サウジの国営石油会社サウジアラムコに続いて、**世界3位の大きさ**です（2021年3月時点）。

　それでは、史上最高益の秘密を解き明かしていきましょう。まず損益計算書をみると、上から順に、売上高（②）、売上原価（③）、売上総利益（④）と馴染み深い項目が並んでいます。これらは主にモバイル通信等の「ソフトバンク事業」と、半導体の「アーム事業」の業績です。前期と比べ、売上は7.4%増、売上総利益は8.3%増と好調です。

　しかしよくみると、税引前利益（⑤）が売上高を上回っています。これはモノやサービスを売って稼ぐ会社ではあり得ないことです。なぜこのようなことが起こるのでしょう。

　注目したいのは、売上総利益の下にある「投資損益」の項目。驚くべきことに、前期は1.4兆円の損失だったのが、当期は7.5兆円もの巨額利益が計上されています（⑥）。こ

の利益の源泉は、「ソフトバンク・ビジョン・ファンド（SVF）」からの投資損益（⑦）です。

　SVFは、ソフトバンクGが17年に設立した投資ファンド（→詳細はP114）。前期は「新型コロナショック」による株式市場の暴落で1.8兆円の損失を出したのに対し、当期は「コロナバブル」により一転、6.3兆円もの利益を計上しました。このように同社の収益は、ソフトバンクをはじめとする「事業」の売上と、SVF等の「投資」損益の2ブロックで構成されており、**売上では認識されていない投資損益が利益を大きく押し上げた**ことで、**「売上＜税引前利益」という現象**が引き起こされたのです。

　こうした特殊な構造から、同社の損益計算書には、通常であれば販管費（⑧）の下に出てくる「営業利益」の項目がありません。決算短信には、「営業利益には、SVF以外の投資損益（⑨）が含まれず、戦略的投資持株会社としての業績を適切に表示するには有用ではないと判断した」などと記されています。さらに下では、SVFの外部投資家持分（SVFの共同出資者への利益配分）として2.2兆円が引かれています（⑩）が、それでもなお税引前利益は前期の113倍にもなる5.7兆円が残り、国内史上最高額の純利益を達成しました。

損益計算書（P/L）より

（百万円）

	20年3月期	21年3月期	
売上高	5,238,938	5,628,167	②
売上原価	2,584,273	2,753,238	③
売上総利益	2,654,665	2,874,929	④
投資損益合計	−1,410,153	7,529,006	⑥
（うち、SVF1およびSVF2等からの投資損益）	−1,844,867	6,292,024	⑦
（うち、持株会社投資事業からの投資損益）	484,308	945,944	⑨
販売費及び一般管理費	2,060,080	2,271,497	⑧
SVF1における外部投資家持分の増減額	540,930	−2,246,417	⑩
税引前利益	50,038	5,670,456	⑤
親会社の所有者に帰属する純利益	−961,576	4,987,962	①

事業（ソフトバンク アームなど）
＋
投資（SVF、持株会社 投資事業等）
＝
ソフトバンクGの収益

ソフトバンク事業は好調継続 PayPayは当期黒字化ならず

ここからは「事業」と「投資損益」、それぞれの業績をより詳しくみていきましょう。

はじめに「事業」ですが、こちらは**大きく3つのセグメントに分けられています**。1つ目は、スマートフォンやインターネットのCMでお馴染みの「ソフトバンク事業」です。

当期の売上は5.2兆円で、前期から7.0％増加⑪。**事業全体の売上（5.6兆円）の92％**と、そのほとんどを占めています。税引前セグメント利益も8479億円と、前期比4.0％増⑫を達成し好調です。売上高利益率は16.8％から16.3％へ若干低下しましたが、**安定して高収益を上げている**ことがわかります。

ちなみにソフトバンク事業には、本体のデータ通信サービス事業だけでなく、ヤフーやLINE、ZOZO、アスクル、一休、出前館などを連結子会社にもつ「Ｚホールディングス」の事業も含まれます。そのためセグメント利益には、これらの持ち株比率に応じた利益が反映されています。

2つ目は、半導体の設計等を行う「アーム事業」です。売上は2098億円で前期比6.5％増⑬でしたが、税引前損益は339億円の赤字⑭となりました。ソフトバンクＧは、20年9月にアーム事業をゲーム用の高速処理プロセッサーで有名な米・エヌビディア社へ最大400億米ドル（約4.2兆円）で売却することを発表しました。しかし取引が完了するまでに18か月を要する見込みであることから、その間は連結決算の対象となっています。前期から赤字が約3倍に拡大した理由について、決算短信では「アームの全株式をエヌビディア社へ売却する契約を結んだことに伴い、株式報酬にかかわる費用が増加した」と説明されています。

最後の「その他の事業」には、電子マネー決済サービスのPayPay事業のほか、19年3月より始動したラテンアメリカにおけるファンド事業が含まれています。売上は2386億円（前期比15.9％増）⑮、セグメント利益は926億円（前期比3923億円増）と大きく改善⑯。意外なことに**PayPay事業は726億円の赤字**だった一方で、ラテンアメリカ・ファンドは1888億円の黒字と、ここでも投資による利益が目立ちます。

ソフトバンク事業
（百万円）

	20年3月期	21年3月期	
売上高	4,862,484	5,204,350	⑪
セグメント利益	815,617	847,933	⑫

アーム事業
（百万円）

	20年3月期	21年3月期	
売上高	197,066	209,848	⑬
セグメント利益	－11,105	－33,873	⑭

その他の事業
（百万円）

	20年3月期	21年3月期	
売上高	205,772	238,591	⑮
セグメント利益	－299,703	92,625	⑯

ソフトバンク事業の構造

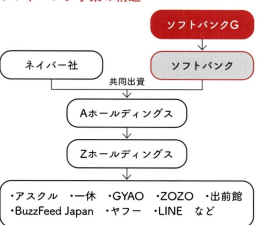

「トヨタ超え」の純利益を実現させたカラクリとは？

続いて、「投資損益」のセグメント利益をみてみましょう。こちらは大きく「SVF事業」と「持株会社投資事業」で構成されています。

SVF事業が、前期から約8兆円も増益 ⑰ したことは先述しましたが、**なぜこれほど損益の振れ幅が極端**なのでしょう。その理由は、SVFの仕組みと利益の計上方法にあります。

ソフトバンクGは外部投資家と共に、子会社のSBIAを通じて、世界各国の**ユニコーン企業**[※1]187社に投資。その運用益を投資家と分配しています（→下図）。ポイントは、この運用益には「**実現益**（実際に得た現金）」だけでなく、「**未実現評価損益**」[※2]も含まれること。

未実現評価損益は、投資先企業の評価額（時価）の変動によって生じる"帳簿上の損益"（含み損益）です。つまり、**投資先の企業価値が上がれば、その上昇分が「利益」として、逆に下がれば、下落分が「損失」として、ソフトバンクGの損益に計上**されるのです。

当期は、株式市場の好況により投資先の企業価値が軒並み高騰。実際、実現益はウーバー社などの株式売却で得た4196億円 ⑱ のみで、**投資利益の大部分（5.9兆円）は未実現評価益**が占めています ⑲。なかでも、IPO（新規上場）によって「韓国のアマゾン」とも言われるクーパン社の時価総額が2.6兆円に、米国最大手のフードデリバリー、ドアダッシュ社の時価総額が6611億円まで上昇したことが、利益の拡大に大きく貢献しました。

一方、もうひとつの「持株会社投資事業」の投資損益は9461億円（前期比95％増）⑳ でしたが、セグメント利益は7609億円と、前期から1528億円減少しました ㉑。前期はアリババの株式売却で1.2兆円 ㉒ もの利益がありましたが、当期はそれが消滅。他方で、Tモバイル株式売却により4218億円 ㉓ の利益を得ています。

SVFの仕組み

| 投資家 ソフトバンクG & 外部投資家 | ❶出資→ ❹分配← | SVF 1&2 子会社のSBIAが ファンドを運営管理 | ❷投資→ ❸資金回収← | 投資先 AI産業のユニコーン企業など187社 ウーバー ロッジ ロイバント ウィワーク スラック オヨ ペトゥーム など |

SVF1等SBIAの運営するファンド事業からの投資損益

（百万円）

	20年3月期	21年3月期	
SVF1およびSVF2等からの投資損益	−1,844,867	6,357,462	⑰
投資の売却による実現損益	58,340	419,640	⑱
投資の未実現評価損益	−1,917,694	5,897,059	⑲
セグメント利益	−1,412,574	4,026,823	

持株会社投資事業からの投資損益

（百万円）

	20年3月期	21年3月期	
持株会社投資事業からの投資損益	484,308	946,107	⑳
Tモバイル株式売却関連損益	−	421,755	㉓
アリババ株式先渡売買契約決済益	1,218,527	−	㉒
セグメント利益	913,740	760,927	㉑

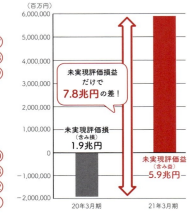

未実現評価損益だけで **7.8兆円の差！**

未実現評価損（含み損）**1.9兆円**（20年3月期）
未実現評価益（含み益）**5.9兆円**（21年3月期）

※1 一般に、「創業10年以内」で「企業評価額が10億ドル以上」ある「非上場」のベンチャー企業を指す
※2 配当やキャピタルゲインは実際に現金が入ってくるので「実現益」と呼ぶ。一方、企業価値の上昇によって得た利益は、元々の簿価と評価額の差額（上昇分）が利益と認識されるだけで、実際に現金は入ってこないので「未実現益」と呼ばれる

体の大きさは23％成長するも投資資産の割合が高い

前ページでみたSVFの未実現評価益は、利益（運動成果）だけでなく、**資産（体つき）にも大きな影響**を与えています。

総資産は、前期から22.8％増加して45.8兆円（24）とさらに巨大化。これは金融業界を除く事業会社としては、資産額トップのトヨタ自動車（62兆円）に次ぐ**国内2位の大きさ**です。

増加を牽引しているのが、非流動資産にあたる「FVTPLで会計処理のSVF投資」で、13.6兆円と前期から約2倍になっています（25）。「**FVTPL**」とは、IFRS（→P84、96）で定められた会計上のルールで、「投資先の会社の評価額が変動して含み益（含み損）が出たら、それを純損益として計上しなさい」という決めごとです。日本基準の決算書では、保有株式の価値が上がっても売却しない限り（実現益にならない限り）利益として認識されませんが、ソフトバンクGはFVTPLを採用しているため、**未実現評価益の変動がそのまま利益や資産の増減に直結**しています。

このほか「持分法で会計処理の投資」（26）と「投資有価証券」（27）を合わせた3つの投資資産の合計は21.7兆円とほぼ倍増しており、総資産の47％を占めています。一方、**有形固定資産はわずか3.6％**（28）にとどまることから、同社の運動を生み出す筋肉のほとんどは投資資産でできていることがわかります。

では、この体は何で支えられているのか、負債と純資産（骨格）の状態をみてみましょう。

まず**気になるのが負債の増加**で、前期から3.9兆円（13.1％）増えています（29）。なかでも有利子負債は、流動が7.7兆円（30）、非流動が10.8兆円（31）と、合計18.5兆円もあり、前年度より5.4兆円（41％）増加しました。

一方で、**資本（純資産）も、前期から4.6兆円（62.2％）と大幅に増加**しています（32）。その源泉となったのが利益剰余金で、前期から4.9兆円（123.3％）も増えています（33）。ただし、この増加分の半分以上はSVF事業の未実現評価益です。

そのほか、当期は自己株式が2.3兆円マイナス計上されています（34）が、ここには「**自社株買い**」※に要した費用が反映されています。同社は、株主の利益増大を図るために、当期だけで発行済株式数の約16％に当たる3.4億株の自己株式を市場から買い戻し、それらを21年5月に消却しました。

財政状態計算書（B/S）より

（百万円）

資産の部	20年3月期	21年3月期	
流動資産	15,636,943	10,820,166	
現金及び現金同等物	3,369,015	4,662,725	
営業債権及びその他の債権	2,072,326	2,216,434	
非流動資産	21,620,349	34,930,287	
有形固定資産	1,264,516	1,668,578	(28)
のれん	3,998,167	4,684,419	
無形資産	1,985,972	2,308,370	
持分法で会計処理の投資	3,240,361	4,349,971	(26)
FVTPLで会計処理のSVF投資	6,892,232	13,646,774	(25)
投資有価証券	1,211,511	3,706,784	(27)
資産合計	37,257,292	45,750,453	(24)

（百万円）

負債の部	20年3月期	21年3月期	
流動負債	14,191,133	12,890,955	
有利子負債	3,845,153	7,735,239	(30)
非流動負債	15,693,242	20,903,905	
有利子負債	9,286,729	10,777,736	(31)
負債合計	29,884,375	33,794,860	(29)
資本（純資産）の部			
資本金	238,772	238,772	
利益剰余金	3,945,820	8,810,422	(33)
自己株式	−101,616	−2,290,077	(34)
資本合計	7,372,917	11,955,593	(32)
負債及び資本合計	37,257,292	45,750,453	

※ 企業が、自社の株式を市場から買い戻すこと。株主に対する利益還元策として用いられる。買い戻した株は「消却（消し去る）」して、発行済株式総数（つまり株式の母数）を減らすことで、一株当たり利益（EPS）を増やす効果がある

営業CFは前期から半減！ 借入金でさらなる投資を継続

続いて、キャッシュ・フロー計算書から血流の状態を調べてみましょう。

まず営業CFをみると、意外にも**5兆円もの純利益（35）を出した割には、キャッシュの流入が5572億円（36）しかありません。**不思議なことに、最終損益が約1兆円の赤字だった前期の半分の水準しかないのです。

なぜここまで下がるのか、その主因となっているのが「SVF1およびSVF2等からの投資損益」で、当期は6.3兆円ものマイナス（37）となっています。繰り返しになりますが、SVFから得た**未実現評価益は、あくまで「含み益」であり、現金の流入はありません。**そのためキャッシュ・フロー計算書では、マイナス調整されます。同じ理由で、「持株会社投資事業からの投資損益」も1.4兆円のマイナス（38）となっており、**利益とキャッシュが連動しない同社の決算の特徴**がよくみて取れます。

さらに、キャッシュの加算項目である減価償却費も前期から1.2兆円減少（39）していますが、これは米国通信事業の売却（つまり有形固定資産が減ったこと）が要因と考えられます。

一方、投資CFは、4.3兆円のマイナスから1.5兆円のマイナス（40）と、資金流出が軽減されており、筋トレは穏やかになったようにみえます。しかし中身をみると、「投資の取得」で4.2兆円（前期の約4倍）の資金（41）を使っており、投資活動を活発化させていることがわかります。並行して、「投資の売却または償還」を行うことで3.8兆円を獲得（42）するも、**フリーCFは前期に続いてマイナス（43）**となりました。

この不足分を補うため、財務CF全体では2.2兆円の資金が流入（44）しています。

収入の内訳をみると、当期は金融機関から短期有利子負債1.6兆円（45）、さらに有利子負債8兆円（46）を新たに調達したほか、子会社の持分（株式）を一部売却することで1.6兆円の資金流入がありました（47）。その結果、当期の現金残高は4.7兆円（48）となり、前期から1.3兆円増加（49）しました。

キャッシュ・フロー計算書（C/S）より

（百万円）

	18年3月期	19年3月期	20年3月期	21年3月期	
営業活動によるキャッシュ・フロー	1,088,623	1,171,864	1,117,879	557,250	(36)
純利益	1,237,812	1,454,618	−800,760	5,078,236	(35)
減価償却費及び償却費	1,585,873	1,694,187	2,051,472	851,316	(39)
SVF1およびSVF2等からの投資損益	−352,095	−1,302,838	1,844,867	−6,292,024	(37)
持株会社投資事業からの投資損益	–	–	−484,308	−1,441,509	(38)
投資活動によるキャッシュ・フロー	−4,484,822	−2,908,016	−4,286,921	−1,468,599	(40)
投資の取得による支出	−1,735,694	−822,628	−1,098,640	−4,186,663	(41)
投資の売却または償還による収入	53,786	292,582	283,892	3,845,787	(42)
フリー・キャッシュ・フロー（営業CF＋投資CF）	−3,396,199	−1,736,152	−3,169,042	−911,349	(43)
財務活動によるキャッシュ・フロー	4,626,421	2,202,291	2,920,863	2,194,077	(44)
短期有利子負債の収支	−40,829	−65,411	133,173	1,575,327	(45)
有利子負債の収入	8,547,346	6,189,112	8,601,926	7,965,114	(46)
有利子負債の支出	−6,003,188	−7,128,379	−5,646,727	−5,790,901	
非支配持分への子会社持分の一部売却による収入	–	2,350,262	435	1,552,957	(47)
現金及び現金同等物の増減額	1,151,548	523,868	−489,503	1,293,710	(49)
現金及び現金同等物の期末残高	3,334,650	3,858,518	3,369,015	4,662,725	(48)

安全性指標は悪化 今後の資金繰りに注目

手元資金は増えたものの、これだけ巨額の借金を抱えて同社は大丈夫なのでしょうか。

当期の親会社所有者帰属持分比率（自己資本比率）は22.3％と、前期より6.4ポイント改善しましたが、東証一部企業平均の30％と比較すると、**まだ負債への依存度が高い状態**です。例えば、有利子負債18.5兆円から現金4.7兆円を差し引いた「純有利子負債」は13.8兆円。これは当期の営業CF（5573億円）の**約25年分**であり（つまり事業で稼いだお金で借金を返し終わるまでに約25年かかる予定となる）、前期の8.7年より長期化しています。

ただし同社の借入金の実態を知るには、事業ごとに分析する必要があります。ソフトバンク事業（親会社のソフトバンクG社が返済義務を負わない）借入金を除くほか、換金性の高い投資資産（有価証券や金融資産など）を売却、さらにSVFの投資金を回収するなどした場合、短信の明細からは同社が裸で負っている借入金額は6.2兆円とみることができ

ます。一方で**借入の担保になっていないアリババ株が12.7兆円分ある**ため、必要とあらばこれらの資産を売却して返済原資を確保することは可能です。しかし市況の悪化により円滑に売却できないリスクもあります。

ちなみに、企業の信用評価を行う代表的な格付け会社であるS&P社は、ソフトバンクGを**「BB＋」（投機的）**と格付けしています。同社の安全性を見極めるには、さまざまな角度から分析する必要があり、初心者には極めて難しいと言わざるを得ません。多額の借入金を返済するために、同社が資産の売却を含め、どのような資金繰りをするのか、今後も注視する必要があります。

バランスのとれた資産運用が求められる

投資家はココに注目！

孫社長が見据える「未来」に投資できるかどうか

はたして、ソフトバンクGの株は「買い」なのだろうか。同社は、当期の決算説明資料で、独自計算した時価純資産価値（26.1兆円）と、市場の時価総額（16兆円）が乖離していることに触れ、「現在の株価は割安」だと主張。一方で、投資家は、今回の巨額利益は市場の好況による一過性のものと考え、持続性に疑問を抱いているようだ。

こうした反応を受け、孫社長は「（株式相場の影響で）1兆、2兆の赤字黒字（が出るの）はニューノーマル。驚かないほうがいい」と主張。一方で、「今後は持続的な利益を実現できる"金の卵の製造業"を目指す」と宣言した。

今後、株価が上昇するかは、同社がSVFを通じて有望な投資先を発掘し、その企業価値が上昇するサイクルを拡大できるか否かにかかっている。これをハイリスクな投資とみるか、孫社長の目利き力を通じて世界中の有望なスタートアップに間接投資できる貴重な機会ととらえるか、そのスタンスにより魅力度は大きく変わってくるだろう。

ファイザーの決算書を読む

一言でいうと
企業買収を繰り返して巨大化！新薬の開発力を増強して利益を上げる

◎決算書サマリー（Form10-K【米国基準】連結より）

（百万ドル）

損益計算書（P/L）

	19年12月期	20年12月期
売上収益（Revenues）	41,172	41,908
売上総利益	32,921	33,216
親会社所有者帰属当期利益	16,273	9,616
（総資産当期利益率＝ROA）	(9.7％)	(6.2％)
（株主資本当期利益率＝ROE）	(25.8％)	(15.2％)

貸借対照表（B/S）

	19年12月期	20年12月期
資産合計（Total assets）	167,594	154,229
株主資本（Total shareholders' equity）	63,143	63,238
（株主資本比率）	(37.7％)	(41.0％)
一株当たり純資産（USドル）	11.3	11.2

キャッシュ・フロー計算書（C/S）

	19年12月期	20年12月期
営業活動によるキャッシュ・フロー	12,588	14,403
投資活動によるキャッシュ・フロー	−3,945	−4,271
財務活動によるキャッシュ・フロー	−8,485	−9,649
現金及び現金同等物期末残高	1,350	1,825

次期業績予想

	21年12月期	前期比増減率
売上収益（Revenues）	70,500〜72,500	(68％〜73％)
親会社所有者帰属当期利益	19,994〜20,714	(110％〜116％)
一株当たり利益（EPS）（USドル）	3.55〜3.65	−

決算の5つのギモン

① 粗利率は79％と超高付加価値！莫大な粗利益が必要な理由は？

② 総資産（体の大きさ）は17兆円で、武田薬品の1.3倍。資産の32％を占める「あるもの」とは？

③ 当期は1.6兆円の現金（血液）が流入。営業CFが当期利益よりも大きい理由は？

④ 投資CFによる流出額（筋トレ量）は営業CFによる流入の3分の1以下。投資せず現金を貯め込むのはなぜ？

⑤ 次期の予想最終利益は当期の2倍超！ワクチン収益効果を市場はどうみている？

※ファイザーの決算書を読む上での注意事項
表中のデータはすべて「百万ドル」単位で記載。ただし本文中の金額は、規模をつかみやすくするため「円」で表記した。本文の金額は「1ドル＝110円」で換算。

粗利率は驚異の79%！
巨額利益を元手に新薬を開発

新型コロナワクチンの開発・製造をいち早く成功させた製薬会社として、世間の耳目を集めるファイザー（Pfizer）社。米国本社の歴史は古く、1849年に薬剤師見習いのチャールズ・ファイザーと菓子職人のチャールズ・エアハルトが共同で設立。以後、ペニシリンの量産や抗生物質の開発などで成功を収め、現在までに米国ほか、欧州、中国、日本に開発拠点を置くグローバル企業に成長しました。

同社の2020年12月期決算は、売上収益が4.6兆円（前期比1.8％増）と緩やかな増収 ①。コロナワクチンの収益は次期以降に本格化するようです。国内最大の製薬企業である武田薬品工業の売上（3.2兆円）と比較すると、同社のほうが4割以上大きい計算になります。

一方、最終利益は前期から7322億円（41％）も減少 ②。これは一般用医薬品の合弁事業に関連する特別利益8895億円 ③ が消失したためで本業が不調なわけではありません。

同社の損益計算書で目を見張るのは、その利益率の高さ。粗利率は、なんと79.3％ ④。

しかしだからといって、同社がボロ儲けしていると考えるのは早計です。新薬開発には通常10年以上の時間と数千億円のコストが必要とされ、さらに開発成功率は約3万分の1とも言われます。新薬開発継続のために、既存の薬剤から高い利益を得る必要があるのです。

実際、ファイザーは新薬開発にどれほどお金を使っているのでしょうか。研究開発費をみると当期は約1兆円 ⑤ と、売上収益の22.4％を占めています。武田薬品の研究開発費（4558億円）の2倍以上であり、同社がいかに新薬の研究開発に巨費を投じているかがわかります。

また、ファイザーの損益計算書（米国基準）には営業利益の記載がありませんが、仮に売上総利益から販管費 ⑥ や無形資産償却費 ⑦ を差し引いて計算してみると、営業利益は9636億円 ⑧、営業利益率は21％ ⑨ となり、前期から収益性が向上しています。

そのほか、「非継続事業当期利益（既に売却が決まった事業からの利益）」 ⑩ を毎年計上していることも特徴です。8061億円、5979億円、2894億円と、例年巨額の利益を計上していることから、同社が積極的に事業の再構築を進めていることがうかがえます。

6章 話題の会社の決算書を読もう　実践03

損益計算書（P/L）より

（百万ドル）

	18年12月期	19年12月期	20年12月期	
売上収益	40,825	41,172	41,908	①
売上総利益	31,838	32,921	33,216	
（粗利率）	（78.0％）	（80.0％）	（79.3％）	④
販売費及び一般管理費	12,612	12,750	11,615	⑥
研究開発費	7,760	8,394	9,405	⑤
無形資産償却費	4,736	4,462	3,436	⑦
営業利益（試算）	6,730	7,315	8,760	⑧
（売上収益営業利益率）	（16.5％）	（17.8％）	（21.0％）	⑨
特別利益	－	8,086	6	③
継続事業当期利益	3,861	10,867	7,021	
非継続事業当期利益	7,328	5,435	2,631	⑩
当社株主帰属利益	11,153	16,273	9,616	②

同社の決算書では、さらに疾患領域（薬剤）ごとの売上も開示されています。内訳をみると、「がん領域」が全体の売上の25.9% ⑪と最も多く、続いて「内服薬（21.5%）」⑫、抗生剤などを扱う「病院（19.0%）」⑬の順となっています。一方、**話題でもちきりの「ワクチン」が占める割合は15.7%（⑭）ほど。**前期からがん領域の売上が20.6%増加したのに対し、ワクチンはたった1.1%しか増えていません。ただし次期は、新型コロナワクチンの売上が反映されることから、**大幅に増加する見込み**です。

大型買収を繰り返して資産拡大 特許権を取得し売上を伸ばす

体つきはどうでしょうか。ファイザーの総資産は17兆円 ⑮で、武田の12.9兆円より約3割大きく、資産の77%は非流動資産 ⑯が占めています。なかでも、最も大きな割合を占めるのが「のれん」（→P96）で、当期は5.5兆円（資産の32.1%を占める額）が計上されています⑰。

同社は、09年に米・ワイス社を7.5兆円で、19年には米・アレイバイオファーマ社を1.2兆円で買収するなど、数年おきに数兆円規模の買収を繰り返してきました。これにより**有形固定資産（⑱）を遥かにしのぐ、多くの無形資産**（医薬品の特許権など）⑲を手に入れ、売上規模を拡大してきたのです。

ただし、特許を取得しても独占販売できるのは5〜10年程度※なため、その間にどれだけ利益をあげられるかが勝負となります。ファイザーの総資産回転率（→P60）は0.27で武田（0.25）よりもやや高い程度ですが、ROA（→P58）は6.2%と武田（2.9%）の倍以上あり、**同社の利益率の高さ**がみてとれます。

ところで、これだけ巨額の買収を繰り返して、安全性に問題はないのでしょうか。資産17兆円に対し、株主資本は7兆円 ⑳。株主資本比率は41.0%と計算でき、前期（37.9%）から健全性は増しています。また負債のうち、純有利子負債が4.2兆円 ㉑＋㉒あるものの、前期より24%減少。営業CFの2.6年分で返済可能であり、大きな問題はありません。

疾患領域別の売上収益

（百万ドル）

	ワクチン	がん領域	内服薬	病院	炎症	希少疾患	消費者向け
19年12月期	6,504	9,014	8,790	7,772	4,733	2,278	2,082
20年12月期	6,575	10,867	9,003	7,961	4,567	2,936	0
	⑭	⑪	⑫	⑬			

貸借対照表（B/S）より

（百万ドル）

資産の部	19年12月期	20年12月期	
流動資産	32,803	35,067	
現金及び現金同等物	1,121	1,784	
短期投資	8,525	10,437	
非流動資産	134,791	119,162	⑯
建物及び構築物	12,969	13,900	⑱
無形資産	33,936	28,471	⑲
のれん	48,202	49,577	⑰
資産合計	167,594	154,229	⑮

（百万ドル）

負債の部	19年12月期	20年12月期	
流動負債	37,304	25,920	
短期借入金	16,195	2,703	㉑
非流動負債	66,844	64,835	
長期有利子負債	35,955	37,133	㉒
負債合計	104,148	90,756	
純資産の部			
株主資本合計	63,143	63,238	⑳
負債及び資本合計	167,594	154,229	

※ 新薬の特許期間は出願日から20年間だが、開発→製造→販売に至るまでに通常10〜15年の時間を要するため、独占的に製造・販売できるのは5〜10年程度となる。特許切れ後は薬の情報が公開され、ジェネリック医薬品の製造が可能となる

1.6兆円のキャッシュを獲得 次の買収に備えて資金を蓄える

最後に、血流の状態をみてみましょう。

当期は、減価償却費（23）や資産減損（24）など現金流出を伴わない費用が7509億円足し戻された結果、営業CFは1.6兆円（25）に。最終利益を超える資金が流入しています。

一方、投資CFは4698億円のマイナスと、営業CFの3分の1以下しか使われていません（26）。うち、有形固定資産への投資は半分強（27）で、残りは有価証券の購入に使っています（28）。自由に使えるお金（フリーCF）は1.1兆円（29）あり、このうち短期借入金の返済（純額）に1兆円を使用（30）。**潤沢な血流で健康状態を改善した**と言えます。

こうしてみると、ファイザーは筋トレをせず脂肪を貯め込んでいるように思えますが、前期には事業買収に1.2兆円を投じています（31）。

同社をはじめ、欧米の製薬会社は巨額の研究開発費を賄う体力を獲得するため、M&Aを繰り返して巨大化しています。つまりコツコツと生産設備を拡大して成長（有機的成長→P94）するのではなく、**普段は現金を貯め、ここぞというときにM&Aに資金を使って**成長しているのです。

キャッシュ・フロー計算書（C/S）より

（百万ドル）

	18年12月期	19年12月期	20年12月期	
営業活動によるキャッシュ・フロー	15,827	12,588	14,403	(25)
減価償却費	6,150	5,795	4,777	(23)
資産減損	3,398	2,941	2,049	(24)
投資活動によるキャッシュ・フロー	4,525	−3,945	−4,271	(26)
有形固定資産取得による支出	−1,984	−2,072	−2,252	(27)
短期投資による支出	−11,677	−6,835	−13,805	(28)
短期投資償還による収入	17,581	9,183	11,087	
事業買収にかかる支出	−	−10,861	−	(31)
フリー・キャッシュ・フロー（営業CF＋投資CF）	20,352	8,643	10,132	(29)
財務活動によるキャッシュ・フロー	−20,441	−8,485	−9,649	
短期借入金による収入	3,711	16,455	12,352	(30)
短期借入金返済による支出	−4,437	−8,378	−22,197	
現金及び現金同等物の期末残高	1,225	1,350	1,825	

投資家はココに注目！

次期はワクチンで利益激増も、市場は冷静な反応

ファイザーは、第1四半期決算時に次期のワクチンの売上収益を2.9兆円と予想。そこから得られる利益は8000億円前後になる見込みだ。

この1年間で、同社の株価は32ドルから40ドル（25％）まで上昇（21年6月末時点）。一見してかなり上がったように思える。ところが米国株式市場の代表的な株価指数である「S&P500」は、同時期に34％上昇している。つまりファイザーの株価は、平均よりも割り負けている（割安にある）のだ。

さらに当期と次期の株価収益率（PER→P68）を計算してみよう。株価40ドルを当期の一株当たり利益（EPS→P68）2.22ドルで割ると、PERは18倍。一方で、次期の予想一株当たり利益3.55〜3.65ドルで割ると、PERは約11倍となり、かなり割安だ。現在の株価は、次期のワクチンの収益効果をそれほど織り込んでいない。これは投資家たちが、「ワクチンからの利益は一時的なものに過ぎない」と冷静にとらえているためであろう。

日立製作所 の決算書を読む

一言でいうと

IT・デジタル事業に根を生やし「営業利益1兆円企業」を目指し成長中

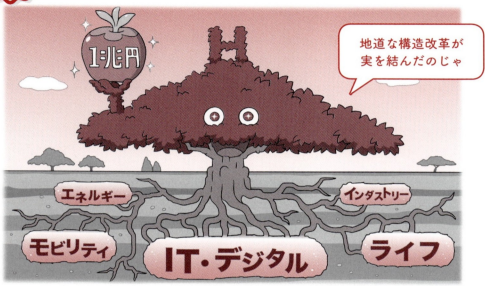

◎決算書サマリー（決算短信【IFRS】連結より）

（百万円）

損益計算書（P/L）

	20年3月期	21年3月期
売上収益	8,767,263	8,729,196
営業利益	661,883	495,180
（売上収益営業利益率）	(7.5%)	(5.7%)
EBIT	183,614	850,287
（総資産当期利益率＝ROA）	(1.3%)	(4.8%)
親会社株主帰属当期利益	87,596	501,613
（親会社株主持分当期利益率＝ROE）	(2.7%)	(15.0%)

財政状態計算書（B/S）※

	20年3月期	21年3月期
資産合計	9,930,081	11,852,853
資本合計（純資産）	4,266,739	4,458,232
（親会社株主持分比率）	(31.8%)	(29.7%)
一株当たり親会社株主持分（円）	3,270	3,646

キャッシュ・フロー計算書（C/S）

	20年3月期	21年3月期
営業活動によるキャッシュ・フロー	560,920	793,128
投資活動によるキャッシュ・フロー	−525,826	−458,840
財務活動によるキャッシュ・フロー	2,837	−184,838
現金及び現金同等物期末残高	812,331	1,015,886

次期業績予想

	22年3月期	前期比増減率
売上収益	9,500,000	(8.8%)
営業利益	740,000	(49.4%)
親会社株主帰属当期利益	550,000	(9.6%)

決算の5つのギモン

① 営業利益は1667億円（25.2%）減。減益の原因はどこにある？

② 5016億円の過去最高益を達成！売上も営業利益も落ちたのに、なぜ最高益に？

③ 総資産は1.9兆円（19.4%）も増加。体のどんな部分が増えている？

④ 営業CFは2322億円（41.4%）増加。営業利益減なのに、なぜ現金増？

⑤ 次期は営業利益49.4%増の見込み。増益に向けてカギとなる事業とは？

☞ **運動効率**（営業利益率） ☞ **運動成果**（親会社株主帰属当期利益） ☞ **体の大きさ**（総資産）

DOWN 前期から **1.8** ポイント

UP 前期から **5.7**倍

UP 前期から **19**%

☞ **骨の太さ**（自己資本比率） ☞ **血液生産量**（営業CF） ☞ **筋トレ量**（投資CF）

DOWN 前期から **2.1** ポイント

UP 前期から **41**%

DOWN 前期から **13**%

6章 話題の会社の決算書を読もう　実践04

収益性　ROA・ROEは前期から上昇。営業利益率も次期に回復見込み

決算書のココをみる！

会社HPの「IR資料室」にある「主要財務データ（IFRS）」より、過去5〜10年分の営業利益率、ROA、ROEの増減を確認。また、21年3月期説明会資料より、次期（21年度）の見通しを確認する。

主要財務データ
・営業利益率
・ROA
・ROE
（各5〜10年分）

21年3月期説明会資料
・営業利益率（次期見込み）

安全性　自己資本比率は低下も、借金の返済能力は高水準で問題なし

決算書のココをみる！

「主要財務データ（IFRS）」より、過去5〜10年分の自己資本比率（親会社株主持分比率）やインタレスト・カバレッジ・レシオの増減を確認。有利子負債が営業CFの何倍あるかも計算する。

主要財務データ
・自己資本比率
・インタレスト・カバレッジ・レシオ
（各5〜10年分）

B/S & C/S ・有利子負債 何倍？ ・営業CF

成長性　資産は増加し、ROAも上昇。成長と収益性向上を両立

決算書のココをみる！

「主要財務データ（IFRS）」より、過去5〜10年分の資産合計（総資産）とROAの増減を確認し、会社規模と利益が成長しているか調べる。また売上収益増減率も計算してみる。

主要財務データ
・資産合計
・ROA
（各5〜10年分）

P/L '11 '16 2021 ・売上収益（増減率） 知りたい期間

営業利益が減ったのに なぜ過去最高益を達成できた?

「この木なんの木」のCMでお馴染みの日立製作所。家電のイメージが強いですが、ITやエネルギー(電力関連)、インダストリー(産業・流通・環境)、モビリティ(ビルシステム・鉄道)など、**インフラに関連する幅広い事業を国内外で展開**しています。

同社は当期(2021年3月期)、**過去最高となる5016億円の最終利益を達成**(①)。各事業の業績も好調と思いきや、意外なことに売上収益(②)、営業利益(③)ともに**前期比マイナス**。営業利益率も5.7％と悪化(④)しています。

その要因は、セグメント情報をみるとわかります。まず、エネルギー事業の営業利益は、過去3年連続で悪化。当期は477億円の赤字に転落しました。また、子会社の日立建機と日立金属も前期から2桁減収。特に日立金属は49億円の赤字と業績が芳しくありません。新型コロナによる世界的な経済活動の低迷が打撃となりました。

一方、唯一の増益となったのがIT事業です。各事業の売上収益の構成比(→下グラフ)をみると、家電事業などを含むライフ(24％)が最も高く、次にIT(21％)、モビリティ(13％)と続いています。ところが営業利益の構成比をみると、IT(53％)がライフ(23％)を大きく上回り、全体の半分以上を占める結果に。**世界的にデジタル関連投資が加速していることが追い風**となりました。

IT以外の事業は前期比マイナスとなったにもかかわらず、なぜ最終利益は大幅増益となったのでしょう。**その秘密は、「その他の損益」にあります**。日立は当期、かつて子会社だった日立化成および画像診断関連事業の売却益を「その他の収益」に4761億円計上(⑤)。さらに、南アフリカのプロジェクト関連で5706億円の損失を計上した前期から、当期は「その他の費用」が減少(⑥)したことも寄与しました。事業の再構築を積極的に行っていることから、同社が成長のために体質改善をしていることがわかります。

損益計算書(P/L)より

(百万円)

	17年3月期	18年3月期	19年3月期	20年3月期	21年3月期	
売上収益	9,162,264	9,368,614	9,480,619	8,767,263	8,729,196	②
営業利益	587,309	714,630	754,976	661,883	495,180	③
(売上収益営業利益率)	(6.4％)	(7.6％)	(8.0％)	(7.5％)	(5.7％)	④
その他の収益	100,742	12,068	206,371	51,992	476,137	⑤
その他の費用	146,568	140,686	442,659	570,635	172,407	⑥
EBIT※	475,182	644,257	513,906	183,614	850,287	
親会社株主帰属当期利益	231,261	362,988	222,546	87,596	501,613	①

セグメント別の売上収益と営業利益の構成比

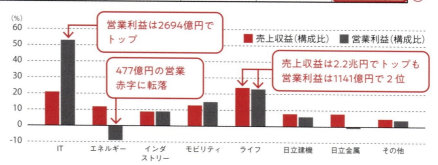

※ EBITは「Earnings before Interest and Taxes」の略で、「受取利息及び支払利息調整後税引前当期利益」を表す。投資や借入など、財務活動の結果である(事業とは関係のない)利息を除くことで、事業活動からの利益を正確に捉えるための指標

目にみえない筋肉（無形資産）が存在感を増しつつある

過去最高益は、体つきにどのような影響を及ぼしたのか、財政状態計算書をみてみましょう。

総資産は11.9兆円と、前期より1.9兆円（19.4％）増加⑦しました。内訳は、流動資産が前期から7257億円（13.9％）増加⑧。なかでも現金は１兆円の大台を超え、前期から2036億円（25.1％）も増加⑨しています。

同様に、非流動資産は1.2兆円（25.4％）増加⑩。特にのれん⑪とその他の無形資産⑫が、前期の約1.9倍まで拡大しています。これはスイスのABB社からパワーグリッド（送配電）事業を買収したことが主要因のようです。これらの「目にみえない筋肉」は合計2.1兆円と、「目にみえる筋肉」である有形固定資産⑬に匹敵する規模になっています。

この体の成長は、何に支えられているのでしょう。負債と資本の部をみると、資産が1.9兆円増えたのに対し、自己資本は0.2兆円⑭しか増えていません。つまり成長の大半（残り1.7兆円分）は、負債⑮によって支えられていることがわかります。

特に気になるのが借入金の増加です。有利子負債は2.4兆円⑯＋⑰＋⑱と、前期から9123億円（61％）も増加。親会社株主持分比率（自己資本比率）は31.8％から29.7％に低下し、自分の骨格はやや細くなっています。

同社の安全性に問題はないか、債務償還年数（→P77）を調べてみましょう。有利子負債から現金を差し引いた「純有利子負債」は、1.4兆円。これに対し、当期の営業CFは0.8兆円（→次ページ）あるため、現在のペースでいけば約２年で借金を完済できることになります。これが５年を超えると要注意、10年を超えると危険水域ですが、現状では返済能力に問題はないと言えるでしょう。

財政状態計算書（B/S）より

（百万円）

資産の部	20年3月期	21年3月期	
流動資産	5,217,589	5,943,300	⑧
現金及び現金同等物	812,331	1,015,886	⑨
売上債権及び契約資産	2,260,205	2,734,476	
棚卸資産	1,408,937	1,653,395	
非流動資産	4,712,492	5,909,553	⑩
有形固定資産	2,165,311	2,408,887	⑬
のれん	635,927	1,161,210	⑪
その他の無形資産	479,794	964,830	⑫
その他の非流動資産	510,571	368,197	
資産合計	9,930,081	11,852,853	⑦

（百万円）

負債の部	20年3月期	21年3月期	
流動負債	3,733,178	4,596,930	
短期借入金	183,303	416,635	⑯
償還期長期債務	231,237	274,392	⑰
非流動負債	1,930,164	2,797,691	
長期債務	1,070,502	1,706,329	⑱
負債合計	5,663,342	7,394,621	⑮
資本（純資産）の部			
親会社株主持分	3,159,986	3,525,502	
資本合計	4,266,739	4,458,232	⑭
負債及び資本合計	9,930,081	11,852,853	

「巣ごもり需要」が業績に与えた影響は？

20年度は、新型コロナによる「巣ごもり需要」で、家電の売上が好調と報道されていたが、業績にはどれほどの影響があったのか。メーカー各社の21年3月期の家電部門のセグメント利益を比べてみると、日立、シャープが増収増益だった一方で、パナソニックは減収増益、三菱電機は減収減益と、会社により明暗が分かれるかたちに。いずれも家庭向け需要の高まりは認めつつも、上半期は海外で都市封鎖や設備投資の抑制があった影響で一部需要が減少するなど、手放しでは喜べなかったようだ。

6章 話題の会社の決算書を読もう　実践04

125

血液生産増と輸血のＷ効果で手元資金は１兆円の大台突破

　続いて、血流の状態を調べていきますが、CF計算書をみると不思議な点がひとつあります。当期、日立は「減収減益」だったにもかかわらず、営業CFは7931億円と、前期から41.4％も増えているのです（⑲）。なぜでしょうか。

　まず前期よりも当期利益が大きい（⑳）のは、先にみたとおり、子会社売却益があったためです。しかしこの売却益は、投資CFに含まれているため、営業CFでは「事業再編等損益」として4524億円（㉑）引かれています。それでも、営業CFが増えたのは、棚卸資産（㉒）や買入債務（㉓）、未払費用（㉔）といった運転資金関連の資金流出が、前期から計2587億円も減少したことが大きく寄与しています。

　一方、投資CFでは、ABB社からのパワー

グリッド事業取得等により8610億円が流出（㉕）するも、日立化成売却等で6824億円が流入（㉖）。結果的に、フリーCF（自由に使えるお金）は3343億円（㉗）と、前期よりも2992億円も増加しました。

　では、この資金をどう使ったのでしょう。財務CFをみると、当期は日立ハイテクを完全子会社化するため、他の株主から株を取得することに5458億円投じています（㉘）。ハイテク事業の強化という目的を考えれば、これは投資CFに近い使い方と言えるでしょう。加えて、長期借入債務の償還（㉙）と配当金の支払い（㉚）にも計3271億円を投入。フリーCFで賄えない分は、短期借入金1997億円（㉛）、長期借入金5235億円（㉜）を調達して補いました。

　以上の結果、当期のキャッシュ・フローは2036億円の流入（㉝）となり、最終的に１兆円を超える現金が積み上がりました（㉞）。

キャッシュ・フロー計算書（C/S）より

（百万円）

	18年3月期	19年3月期	20年3月期	21年3月期	
営業活動によるキャッシュ・フロー	727,168	610,025	560,920	793,128	⑲
当期利益	490,918	321,022	127,246	518,510	⑳
減価償却費及び無形資産償却費	364,432	368,044	433,158	491,663	
事業再編等損益	−9,774	−184,630	−19,650	−452,422	㉑
棚卸資産の増減	−181,207	−149,500	−143,072	−47,937	㉒
買入債務の増減	97,923	−16,107	−115,086	−31,811	㉓
未払費用の増減	−	−14,769	−47,575	32,693	㉔
投資活動によるキャッシュ・フロー	−474,328	−162,872	−525,826	−458,840	
有形固定資産の取得	−352,047	−382,351	−322,894	−254,750	
有価証券及びその他の金融資産の取得	−243,124	−72,422	−237,172	−861,035	㉕
有価証券及びその他の金融資産の売却	178,188	306,971	57,624	682,408	㉖
フリー・キャッシュ・フロー（営業CF＋投資CF）	252,840	447,153	35,094	334,288	㉗
財務活動によるキャッシュ・フロー	−321,454	−320,426	2,837	−184,838	
短期借入金の純増減	−104,819	3,706	80,849	199,679	㉛
長期借入債務による調達	143,354	87,636	334,919	523,467	㉜
長期借入債務の償還	−256,944	−133,581	−279,446	−230,488	㉙
配当金の支払い	−67,568	−77,194	−91,699	−96,611	㉚
非支配持分株主からの子会社持分取得	−6,982	−162,692	−2,345	−545,790	㉘
現金及び現金同等物の増減額	−67,278	109,629	4,738	203,555	㉝
現金及び現金同等物の期末残高	697,964	807,593	812,331	1,015,886	㉞

次期は営業利益1.5倍の見込み 体質改善（事業再編）も継続

最後に、次期（22年3月期）の決算の見通しについて、少しだけ触れておきましょう。

日立が発表した予想によると、次期の売上収益は9.5兆円（当期比8.8％増）、営業利益は7400億円（当期比49.5％増）と、業績が大きく改善する見通しです。市場のコンセンサスに近いと考えられる「会社四季報」※の刊行当時の予測では、売上9兆円、営業利益7200億円ですから、市場の期待を上回るポジティブな内容となっています。

この数値の根拠はどこにあるのでしょうか。

決算説明資料によると、同社は子会社の日立ABBパワーグリッドで2190億円増収（135億円増益）、自動車部品製造を行う日立Astemoで6220億円増収（655億円増益）を想定しています（→下グラフ）。また次期は、当期以上に事業再編が活発化する見通しです。米・投資ファンドのベインキャピタルが主導する日米企業連合に日立金属を3820億円で売却する一方で、デジタルエンジニアリングサービスを手がける米・GlobalLogic社を約1兆円で買収。これにより売上で900億円、利益で180億円寄与すると想定しています。

当期→次期の売上収益と営業利益の増減内訳（見通し）

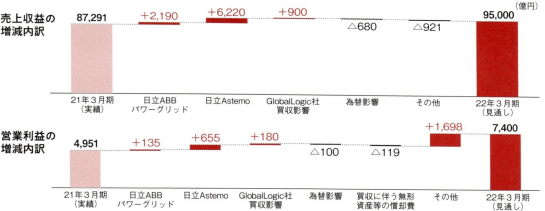

投資家はココに注目！

「ものづくり」から「デジタル」の日立へ、着々と進む構造改革

2021年6月に開かれた投資家向け説明会で、日立の小島啓二社長兼COOは、2025年度に向けて「コロナ禍のような逆境でも、安定的に営業利益1兆円を稼げるかたちを作る」と中長期の目標を語った。

その中核となるのが「Lumada（ルマーダ）」事業だ。これは同社が作った造語で、独自のデジタル技術によって顧客の事業成長に貢献することを目的としている。具体的には、電力や鉄道などの社会インフラの効率化を図るIoT基盤システムであり、目標の営業利益1兆円の半分はLumadaで稼ぐことを想定している。

他方で、日立は、主要子会社の日立化成や日立金属などを売却。DXや脱炭素といった社会的要請に応えながら、次世代のデジタル社会へ向けて改革を進めている。その姿勢には、新陳代謝を高めて成長を目指す強い意志が感じられる。

日立とよく比較される東芝は、かつて業績で肩を並べていたが、不正会計事件以降低迷し、当期は売上で2.8倍、営業利益で5倍の差をつけられてしまった。投資家が重視するのは経営力である。

※『会社四季報2021年2集春号』を参照

JR東日本（東日本旅客鉄道）の決算書を読む

一言でいうと　新型コロナの影響で大量出血も輸血をしながら筋トレを継続！

鉄道以外の部分をもっと鍛えねば……！

◎決算書サマリー（決算短信【日本基準】連結より）

（百万円）

損益計算書（P/L）	20年3月期	21年3月期
売上高	2,946,639	1,764,584
営業利益	380,841	−520,358
（売上高営業利益率）	(12.9%)	(−29.5%)
経常利益	339,525	−579,798
（総資産経常利益率＝ROA）	(4.0%)	(−6.6%)
親会社株主帰属当期純利益	198,428	−577,900
（自己資本当期純利益率＝ROE）	(6.4%)	(−20.3%)

貸借対照表（B/S）		
総資産	8,537,059	8,916,420
純資産	3,173,427	2,557,361
（自己資本比率）	(36.9%)	(28.4%)
一株当たり純資産（円）	8,340	6,720

キャッシュ・フロー計算書（C/S）		
営業活動によるキャッシュ・フロー	548,692	−189,968
投資活動によるキャッシュ・フロー	−701,601	−749,397
財務活動によるキャッシュ・フロー	43,409	983,385
現金及び現金同等物期末残高	153,794	197,960

来期業績予想	22年3月期	前期比増減率
売上高	2,326,000	(31.8%)
営業利益	74,000	−
親会社株主帰属当期純利益	36,000	−

決算の5つのギモン

① 売上高（運動量）は1.2兆円（4割）減少！大幅減収の主因はどこにある？

② 最終損益（運動成果）は5779億円の赤字。費用削減が追いつかない理由とは？

③ 自己資本比率（骨の太さ）は8.5ポイント低下。安全性に問題はない？

④ 投資金額（筋トレ量）は478億円増加。逆境のなか、投資額が増えた要因は？

⑤ 財務CF（輸血量）は1兆円近くも激増！多額の資金をどうやって調達した？

民営化後、初の赤字転落！ 売上4割減の衝撃

　国鉄民営化により、1987年4月に発足したJR東日本（東日本旅客鉄道）。発足以来、順調に成長を続けてきましたが、当期（2021年3月期）は新型コロナの影響で人流が激減したことで、**民営化後初の赤字**となりました。

　売上高（営業収益）は、前期からなんと**約1.2兆円（40.1％）も減少（①）。**これは当期の小田急・京王・西武・東京メトロの鉄道4社の売上が吹き飛ぶのと同規模のインパクトがあります。

　セグメント情報をみると、主力の運輸事業（鉄道やバス）の売上が、前期から約9000億円（45.1％）も減少。**特に新幹線への打撃**が大きく、輸送量は前期比64.7％減、在来線も32.1％減となり、緊急事態宣言やテレワークの影響で利用者が急減したことがわかります。

　そのほか、流通・サービス事業（キオスクなどの駅構内店舗や中吊り広告などの広告代理店事業）は約1800億円減、不動産・ホテル事業（ルミネ、アトレなどの駅ビルやオフィス、ホテル業）は約800億円減と、いずれも大幅な減収となりました。現状では、鉄道の損失を補完できる事業がないのが実態です。

　売上が大幅に減少した一方で、営業にかかる費用は前期から2809億円（10.9％）しか減らせていません（②）。鉄道事業は、車両やレールなどの整備費、修繕費、人件費など、**固定費の割合が高く、売上の減少に伴って費用を削れません**（→P66）。そのため損失が膨らみやすく、営業利益は5204億円の赤字（前期比9012億円減）（③）に転落しました。

　さらに損益計算書を下ってみていくと、特別損失の項目で「減損損失」を800億円（④）計上しているのが気になります。減損損失は、保有資産の収益性が低下し、投資したお金を今後回収できないと判断した場合、その差額（投資金額－今後得られる予定の収益）を損失として計上するもの。当期は運輸事業から551億円、不動産・ホテル事業から200億円が計上されています。ここから同社が、新型コロナによる収益減少が、**今後も長期間にわたって続くと考えている**ことがうかがえます。

　これらの結果、当期純利益は5779億円（⑤）の大幅赤字となりました。これは、ANAの4046億円、日産の4487億円を上回って、**同年度企業決算では最大の赤字額**です。

6章 話題の会社の決算書を読もう

実践 **05**

損益計算書(P/L)より

（百万円）

	17年3月期	18年3月期	19年3月期	20年3月期	21年3月期	
営業収益（売上高）	2,880,802	2,950,156	3,002,043	2,946,639	1,764,584	①
営業費	2,414,492	2,468,860	2,517,182	2,565,797	2,284,943	②
営業利益	466,309	481,295	484,860	380,841	−520,358	③
（売上高営業利益率）	（16.2％）	（16.3％）	（16.2％）	（12.9％）	（−29.5％）	
経常利益	412,311	439,969	443,267	339,525	−579,798	
特別利益	54,735	30,806	74,715	64,286	43,467	
特別損失	62,781	49,181	89,363	119,636	167,260	
減損損失	6,604	4,176	2,275	7,577	80,032	④
親会社株主帰属当期純利益	277,925	288,957	295,216	198,428	−577,900	⑤

安全性指標は軒並み悪化
ふつうの企業なら倒産の危機

新型コロナにより極大ダメージを受けた同社ですが、**意外なことに体つきは前期よりも大きくなっています。**

総資産額は8.9兆円と、前期より3794億円（4.4％）増加（⑦）。資産の約9割は固定資産（⑧）が占め、前期から有形固定資産が1561億円（⑨）、投資その他資産が1559億円（⑩）増えています。また、流動資産の項目では、現預金が442億円（28.7％）増加（⑪）。先行き不透明な状態に対処できるように、手元資金を厚くしたことがわかります。

これらの体の成長の"元手"は何でしょうか。貸借対照表の右側をみると、短期借入金が3180億円（⑫）、長期借入金と社債が計4884億円（⑬）増加。成長は、借り物の骨格で支えられていることがわかります。

一方、当期の最終損失5779億円を計上して利益剰余金が減少（⑭）したことで、純資産は前期比で6161億円（19.4％）も減少（⑮）。その結果、**自己資本比率は36.9％から28.4％へ低下し、財務体質は悪化**しました。

そのほかの安全性指標を計算すると、インタレスト・カバレッジ・レシオは6.4倍からマイナス（⑯）へ、ネットD/Eレシオは0.85倍から1.34倍（⑰）へ、それぞれ悪化。1年以内に返済が必要な負債だけでも計5233億円あり、とても自力で返せる額ではありません。**一般企業なら金融機関からの追加融資は難しく、あわや倒産の事態です。**

資金流出で大出血状態に！
1兆円近い輸血で体を維持

最後に、血流の状態を調べてみましょう。

まず気になるのは、5000億円を超える営業損失が出たにもかかわらず、営業CFは1900億円（⑱）の流出に抑えられている点。その理由は、有形固定資産から発生する巨額の減価償却費3888億円（⑲）が足し戻された

貸借対照表（B/S）より

（百万円）

資産の部	20年3月期	21年3月期	
流動資産	857,624	898,406	
現金及び預金	153,967	198,130	⑪
受取手形及び売掛金	516,388	470,611	
固定資産	7,679,435	8,018,013	⑧
有形固定資産	6,962,034	7,118,150	⑨
建物及び構築物	3,592,627	3,789,310	
土地	2,121,843	2,145,694	
無形固定資産	124,280	150,825	
投資その他の資産	593,120	749,037	⑩
資産合計	8,537,059	8,916,420	⑦

（百万円）

負債の部	20年3月期	21年3月期	
流動負債	1,549,236	2,032,849	
短期借入金	115,293	433,320	⑫
固定負債	3,814,395	4,326,209	
社債	1,590,249	1,930,308	⑬
長期借入金	1,010,492	1,158,872	
負債合計	5,363,632	6,359,058	
純資産の部			
利益剰余金	2,809,369	2,181,570	⑭
純資産合計	3,173,427	2,557,361	⑮
負債純資産合計	8,537,059	8,916,420	

新型コロナ前後の安全性指標の変化

（倍）

	18年3月期	19年3月期	20年3月期	21年3月期	
インタレスト・カバレッジ・レシオ	7.5	7.8	6.4	－	⑯
ネットD/Eレシオ	0.90	0.86	0.85	1.34	⑰

ことと、売上の減少に伴い売上債権が減少したこと (20) などが要因です。

一方で、苦境にもかかわらず、投資金額は7494億円 (21) と前期よりさらに増えています。うち、固定資産の取得に7655億円 (22) の巨費を投じていますが、内訳をみると、輸送事業などの有形固定資産への投資額は6922億円で、前年度から500億円ほど減少。反対に、無形固定資産への投資額が増えたことがキャッシュ流出増の要因となっています。

これにより、**フリーCFは9394億円のマイナス (23) となり、大出血状態です。1兆円近い大量輸血が必要な状態**に陥りました。

同社は、この不足資金を短期借入金で3000億円 (24)、コマーシャル・ペーパー（1年未満の社債のようなもの）で2650億円 (25) 調達することで補っています。しかし、いずれも1年以内に返済が必要です。

そこで長期的に財務状態を安定させるため、当期決算直後の21年4月には償還期限が3年から50年の長期にわたる社債を合計2000億円発行。また、メガバンク3行から6～9年の長期借入を1500億円調達することで、借入を安定化させました。

「一般企業なら倒産の危機」と言いましたが、鉄道は社会に不可欠なインフラであり、長期的には安定した事業であるため、今後も資金調達は問題ないと思われます。

キャッシュ・フロー計算書(C/S)より

（百万円）

	18年3月期	19年3月期	20年3月期	21年3月期	
営業活動によるキャッシュ・フロー	704,194	663,801	548,692	−189,968	(18)
減価償却費	367,997	368,722	374,742	388,828	(19)
売上債権の増減額	−38,309	−66,286	20,120	67,593	(20)
投資活動によるキャッシュ・フロー	−541,857	−594,425	−701,601	−749,397	(21)
有形及び無形固定資産の取得による支出	−578,156	−649,037	−703,908	−765,482	(22)
フリー・キャッシュ・フロー(営業CF+投資CF)	162,337	69,376	−152,909	−939,365	(23)
財務活動によるキャッシュ・フロー	−135,100	−120,693	43,409	983,385	
短期借入金の増減額	−	−	−	300,000	(24)
コマーシャル・ペーパーの増減額	−	−	150,000	265,000	(25)
現金及び現金同等物の増減額	27,236	−51,374	−109,595	44,002	
現金及び現金同等物の期末残高	314,934	263,739	153,794	197,960	

投資家はココに注目!

復活→成長のカギは、「鉄道以外」の事業にある!

JR東日本は、次期の業績を売上2.3兆円、営業利益740億円の黒字に転換すると予想。だが、最終利益は360億円とコロナ前の5分の1の水準で、完全回復は22年度以降になる見通しだ。一方で、21年6月時点の同社の株価（8000円）を東証1部の平均PER16倍※に当てはめてみると、一株当たり利益は531円、純利益は約2000億円と計算できる。つまり株価には、業績が20年3月期とほぼ同水準まで回復する期待がすでに織り込まれている。

同社は今後、「変革2027」を通じてIT・Suicaサービスなどの成長を加速させ、最終的には運輸セグメントとそれ以外のセグメントの営業収益の比率を「5：5」にする計画だ。具体的には、2026年3月期に売上3.1兆円、営業利益4500億円（うち運輸事業2520億円）の数値目標を掲げている。

今後、長期的に株価が上昇するためには、運輸以外の事業を着実に成長させ、業績を拡大できるかどうかがポイントとなるだろう。

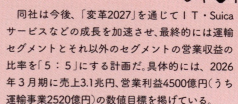

※ 東証1部上場企業の「時価総額合計」を「予想利益合計」で割った数値

マネックスG（グループ）の決算書を読む

一言でいうと
世界的な株高の波に乗って利益・資産ともに急上昇！

株と暗号資産のビッグウェーブに乗るしかない！

◎決算書主要サマリー（決算短信【IFRS】連結より）

（百万円）

損益計算書（P/L）

	20年3月期	21年3月期
営業収益	53,226	77,905
費用	49,249	58,372
税引前利益	4,131	21,296
（営業収益税引前利益率）	(7.8％)	(27.3％)
（資産合計税引前利益率＝ROA）	(0.4％)	(1.8％)
親会社所有者帰属当期利益	3,011	14,354
（親会社所有者帰属持分当期利益率＝ROE）	(3.9％)	(17.3％)

財政状態計算書（B/S）※

資産合計	1,022,934	1,401,130
資本合計（純資産）	77,024	90,524
（親会社所有者帰属持分比率）	(7.5％)	(6.4％)
一株当たり親会社所有者帰属持分（円）	298	348

キャッシュ・フロー計算書（C/S）

営業活動によるキャッシュ・フロー	34,454	－45,466
投資活動によるキャッシュ・フロー	－7,068	－7,158
財務活動によるキャッシュ・フロー	－48,399	95,483
現金及び現金同等物期末残高	127,832	174,068

次期業績予想

	22年3月期	前期比増減率
営業収益	非開示	－
税引前利益	非開示	－
親会社所有者帰属当期利益	非開示	－

決算の5つのギモン

① 営業収益は247億円（46.4％）増加。証券会社は何で収益を得ている？

② 最終利益は約5倍まで拡大！大増益の要因はどこにある？

③ 総資産は3782億円（37.0％）増加。証券会社の資産とは一体何か？

④ 自己資本比率は1.1ポイント低下。利益・純資産増なのに、なぜ下がった？

⑤ 営業CFは455億円のマイナス。利益増でも資金が流出した理由は？

☞ **運動量**（営業収益）
前期から **46%** UP

☞ **運動効率**（営業収益税引前利益率）
前期から **19.5ポイント** UP

☞ **運動成果**（親会社所有者帰属当期利益）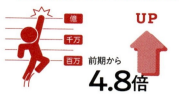
前期から **4.8倍** UP

☞ **体の大きさ**（総資産）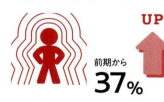
前期から **37%** UP

☞ **骨の太さ**（自己資本比率）
前期から **1.1ポイント** DOWN

☞ **血液量**（現金期末残高）
前期から **36%** UP

6章 話題の会社の決算書を読もう 実践06

収益性　利益率は前期から19.5ポイントアップも、年度によって振れ幅大

決算書のココをみる！

会社HPの「株主・投資家情報」の「業績ハイライト（連結）」より、過去5年分の営業利益率（営業収益税引前利益率）を確認。決算短信1ページ目にある「連結経営成績」で、ROAとROEの増減も確認する。

業績ハイライト
・営業利益率（5年分）

決算短信（連結経営成績）
・ROA
・ROE

安全性　自己資本比率は数％台推移も、ネットD/Eレシオは0.8倍で安全

決算書のココをみる！

「株主・投資家情報」の「業績ハイライト（連結）」より、過去5年分の自己資本比率（親会社所有者帰属持分比率）を確認。また、当期の財政状態計算書から、実質的な借金の大きさを計算してみる。

業績ハイライト
・自己資本比率（5年分）

B/S
・現預金　・有利子負債
差し引く　比較
・純資産

成長性　5年間で営業収益は43.6%、総資産は57.8%増加

決算書のココをみる！

「株主・投資家情報」の「業績ハイライト（連結）」より、過去5年分の営業収益（売上高）を確認。また、「財政状態ハイライト（連結）」から、過去の資産合計（総資産）を確認し、それぞれ増減率を計算してみる。

業績ハイライト
・営業収益（5年分）

財政状態ハイライト
・資産合計（5年分）

市場活況で利益は5倍に！マネックスを支える3つの収益

2020年から続く新型コロナウイルスの流行は、多くの企業に甚大な影響を与えました。業績の低迷に伴い株価も暴落、一時は日経平均が2万円を割り込む事態となりました。

ところが2021年2月には30年ぶりに3万円台を回復するなど、株価は急回復。一転して「コロナバブル」と言われる様相を呈しました。

この好況の恩恵を受けたのが、株式売買の取次などを行う証券業界です。前期から、業績はどう変化したのか。ネット取引専業のマネックスグループ※と、対面型販売を展開する野村ホールディングスの決算をみてみましょう。

まず、マネックスですが、当期（21年3月期）の業績は前期から目覚ましく改善しています。営業収益（売上）は779億円で前期から46.4％も増加（①）。親会社所有者帰属利益は約5倍まで急拡大しました（②）。

同社の営業収益は、主に（1）受入手数料、（2）トレーディング損益、（3）金融収益の3つのセグメントに分けられています（→下表）。それぞれの業績を順にみていきましょう。

はじめは（1）受入手数料です。ここには個人が同社の証券口座を通じて株式等を売買したときに発生する手数料が計上されています。

当期は、世界的に株取引が活況になったことを追い風に、前期から115億円（45.3％）増加（③）。国内事業の受入手数料のみならず、米国子会社の受入手数料も増えました。ちなみに、マネックスの当期の新規開設口座数は約8万件。前期の新規開設数から、倍以上に増えています。また、1稼働口座当たりの1日の売買代金は約8万3000円となり、前期から15.8％増加。口座数の伸びだけでなく、口座あたりの売買活動の活発化も増収に寄与したようです。

続いて、（2）トレーディング損益をみてみましょう。当期は、前期比約3倍の245億円（④）。増収額は160億円と、受入手数料の増収額を上回る結果となりました。これは通常、証券会社自身が保有する株式や債券などを売買して生じる損益のことです。同社の場合は、主力エンジンとなったのがクリプトアセット事業、つまり暗号資産ビジネスで、その売買にかかる利益も含まれています。

暗号資産は、インターネット上で流通・売買されるいわゆる仮想通貨のこと。その代表格であるビットコインの価格は20年度当初、60万円台を推移していましたが、同年10月頃から価格が上昇。21年2月にテスラ社（→P104）がビットコインを15億ドル（約1600億円）購入したことが報道されるやいな

損益計算書（P/L）より

（百万円）

	17年3月期	18年3月期	19年3月期	20年3月期	21年3月期	
営業収益	45,831	53,635	52,175	53,226	77,905	①
（1）受入手数料	26,349	29,196	25,741	25,375	36,864	③
（2）トレーディング損益	4,498	3,865	6,461	8,550	24,504	④
（3）金融収益	14,313	19,349	19,242	18,579	15,394	⑤
その他	3,273	588	1,305	154	1,763	
収益合計	49,104	54,223	53,480	53,380	79,668	⑥
費用合計	48,033	45,592	51,690	49,249	58,372	
親会社所有者帰属当期利益	298	6,730	1,181	3,011	14,354	②

※ 以下、本文中の「マネックス」は、マネックスグループ（親会社）を指す

や価格は急騰し、20年度末には650万円台を突破しました。これに伴い、同社子会社であるコインチェックの販売所取引額は、20年4月（989億円）から21年3月（5767億円）にかけて6倍近く増加。コインチェックのトレーディング損益は200億円と、前期の5倍以上に拡大しました。

最後の（3）金融収益は、主にお金を貸すことで得られる利益のことで、証券会社が保有する預金や有価証券の受取利息、信用取引の金利などが含まれます。当期は、米国事業で受取利息が減少した影響などを受け、前期から17.1％減少しました（⑤）。

これらの結果、当期の収益合計は797億円（前期比49.2％増）となりました（⑥）。こうしてみると**証券会社の業績が、いかに市況の影響を受けやすい**かがわかると思います。

一般企業と少し違う証券会社のお金の流れ

続いて、マネックスの体つきと血流を調べていきますが、より理解を深めるために、「証券会社のお金の流れ」を簡単にみておきましょう。

下図は、顧客（投資家）、証券会社、信託銀行のお金の流れを示したものです。

例えば、個人で株式投資（現物取引）をはじめる場合は、証券会社に口座を開設するとともに、株式の売買に必要なお金❶を預けます。証券会社は、この預り金とともに、株の売買決済に必要なお金❷を信託銀行に預けています。証券会社自身のお金と、投資家からの預かり金を別の口座に分けて管理（分別管理）することで、万一、証券会社が倒産しても、投資家の資産が守られるようにしているのです。

また、信用取引を行う場合、投資家は証券会社に現金や株式などの「保証金」❸を預けます。証券会社は、この保証金を担保にして、より額面の大きい現金や株式を投資家に貸し付けます❹。これにより投資家は、実際に所有する現金や株式よりも大きな金額で株取引ができるようになる一方で、証券会社は貸付金に応じた金利収入（利子）を得ています。

以上が、ごく簡単な証券会社のお金の流れの説明になります。注目してほしいのは、**証券会社が「どこからお金を借りて」「どこにお金を預けて（貸して）いるか**」という点。これを知っておくと、次ページからのバランスシートやキャッシュ・フロー計算書に計上されたお金の貸し借り（出入り）の流れが、理解しやすくなるはずです。

証券会社のお金の流れ

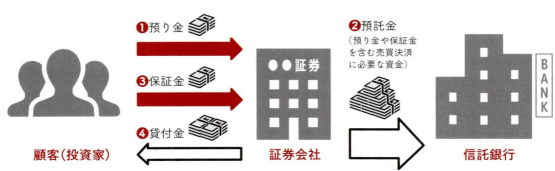

業績好調なのに自己資本比率と営業CFが減少した理由とは？

では、マネックスの体つきをみてみましょう。まず**当期の総資産は1.4兆円で、前期から37％増加**（⑦）しました。なかでも目立つのが、顧客からの預り金や保証金を含む預託金（⑧）と、顧客への貸付金を含む信用取引資産（⑨）。前者は前期比24.9％増、後者は69.8％増となり、活況な取引がうかがえます。

一方、顧客に対する負債となる預り金（⑩）と受入保証金（⑪）もそれぞれ増加。その結果、自己資本比率は7.5％から6.4％へと低下しました。ただし、株取引のしくみ上、資産（収益）が拡大するほど、預り金や保証金といった負債も増えるため、**証券会社の多くは自己資本比率が10％を下回っています。**

また、当期は営業CFが455億円の赤字（⑫）で危険な状態にみえますが、その要因は帳簿上の利益（税引前利益）（⑬）から、信託取引資産（⑭）や預託金（⑮）など「社外に預けて（貸して）いるお金」を差し引いたためです。取引量が増えれば、自然と預託金や貸付金などによる資金流出は増えます。**本業が不調でキャッシュの生産能力が低下したわけではないのです。**対照的に、顧客から預かった保証金や預り金も前期から89.1％増加（⑯）しており、こちらは資金流入として計上されています。

上記の事情から、当期のフリーCFは526億円のマイナス（⑰）。キャッシュの不足分は、短期・長期の借入金（⑱）や社債を発行（⑲）して補い、最終的に手元現金は前期から429億円（⑳）増加しました。

財政状態計算書（B/S）より

（百万円）

資産の部	20年3月期	21年3月期	
現金及び現金同等物	132,561	176,726	
預託金及び金銭の信託	620,222	774,582	⑧
有価証券投資	5,447	8,515	
信用取引資産	107,207	182,017	⑨
その他の金融資産	47,943	100,167	
無形資産	46,006	44,861	
資産合計	1,022,934	1,401,130	⑦

（百万円）

負債の部	20年3月期	21年3月期	
預り金	393,344	492,466	⑩
受入保証金	282,006	334,357	⑪
社債及び借入金	147,941	246,220	
負債合計	945,909	1,310,605	
資本（純資産）の部			
資本合計	77,024	90,524	
負債及び資本合計	1,022,934	1,401,130	

キャッシュ・フロー計算書（C/S）より

（百万円）

	18年3月期	19年3月期	20年3月期	21年3月期	
営業活動によるキャッシュ・フロー	−38,701	53,834	34,454	−45,466	⑫
税引前利益	8,631	1,790	4,131	21,296	⑬
信用取引資産及び負債の増減	−55,552	56,498	28,880	−67,217	⑭
預託金及び金銭の信託の増減	−1,797	−13,459	−60,603	−144,523	⑮
受入保証金及び預り金の増減	7,861	−8,699	74,781	141,399	⑯
投資活動によるキャッシュ・フロー	−5,872	22,763	−7,068	−7,158	
フリー・キャッシュ・フロー（営業CF＋投資CF）	−44,573	76,597	27,386	−52,624	⑰
財務活動によるキャッシュ・フロー	49,870	−5,909	−48,399	95,483	
短期借入債務の収支	47,800	−40,816	−26,730	91,979	⑱
長期借入債務の調達による収入	9,970	58,924	14,105	9,970	
社債発行による収入	14,483	28,016	15,495	10,310	⑲
現金及び現金同等物の増減額	5,297	70,688	−21,013	42,859	⑳
現金及び現金同等物の期末残高	81,456	150,296	127,832	174,068	

最大手・野村HD(ホールディングス)の当期決算はマネックスとは対照的な結果に

最後に、業界の最大手の野村HDの決算を例に、他社比較分析（→P51）をしてみましょう。

野村HDの収益合計（売上）は前期比17.2%減(21)、最終利益も29.4％減(22)と、**マネックスと比較すると冴えない印象**です。収益の内訳をみると、株式市場の活況で、（株式の）委託・投信募集手数料は前期から681億円（22.1％）増えましたが、一方で金融収益は4380億円（55.1％）も減少。加えて、米国の資産家一族の個人資産を運用する投資会社アルケゴスとの取引で2457億円の損失を計上したことから、トレーディング損益も前期から466億円（13.1％）の減少となりました。

また、総資産は42.5兆円と、前期から3.4％減少(23)しており、マネックスとは対照的です。一方で、株主資本（自己資本）比率は6.3％に上昇(24)し、マネックスとほぼ同水準となっています。

野村HDは、顧客からの「預かり資産」のほか、自身の有価証券やトレーディング資産などを30兆円以上保有しています。そのため資産規模はマネックスの30倍と巨体です。しかし、当期の最終利益は1531億円と、マネックスの11倍にとどまっています。そのため**ROAは0.5％とマネックス（1.8％）の半分以下、ROEは5.7％とマネックス（17.3％）の3分の1程度の水準**です。ヒト・モノ・カネが多い野村と比べ、ネット取引専業のマネックスは身軽で資産効率が良いことがうかがえます。

野村ホールディングスの決算サマリー

（百万円）

	17年3月期	18年3月期	19年3月期	20年3月期	21年3月期	
収益合計	1,715,516	1,972,158	1,835,118	1,952,482	1,617,235	(21)
親会社株主帰属当期純利益	239,617	219,343	−100,442	216,998	153,116	(22)
総資産	42,852,078	40,343,947	40,969,439	43,999,815	42,516,480	(23)
資本合計（純資産）	2,843,791	2,799,824	2,680,793	2,731,264	2,756,451	
（株主資本比率）	(6.5％)	(6.8％)	(6.4％)	(6.0％)	(6.3％)	(24)

投資家はココに注目！

株価とPER（株価収益率）が示す両社に対する期待の差

決算では明暗が分かれたマネックスと野村HDだが、株価の動きはどうだろうか。

マネックスの株価は、20年6月には200円台だったが、その後日経平均株価の上昇や暗号資産相場の急騰が追い風となり、21年2月には一時1175円の高値を付けた。短期間で株価が5倍になったのだ。その後、通期決算で純利益も5倍になったことから、株価が業績を先取りしていたことがわかる。

一方、野村HDの株価は、20年6月に500円台だったが、こちらも市場の活況に合わせて21年3月に721円まで上昇。ところがその後、アルケゴス関連の巨額損失が報じられると、株価は1週間で約2割も暴落した。

会社四季報※の予想では、野村HDの次期の株主帰属利益は1800億円で、EPS（一株当たり利益）は58円となる。仮に株価を580円とすれば、PERは10倍とマネックス（17倍）よりも低い。

一般的には、将来の成長見込みが高い企業ほどPERは高くなる傾向にある。両社のPERの差をどうみるか。それが今後の株式投資の判断ポイントとなろう。

※『会社四季報2021年2集春号』を参照

コロワイドの決算書を読む

一言でいうと：主要子会社は軒並み赤字に転落！ 巨額のれんの「減損リスク」に要注意

◎決算書サマリー（決算短信【IFRS】連結より）

（百万円）

損益計算書（P/L）

	20年3月期	21年3月期
売上収益	235,334	168,181
事業利益	5,632	−8,146
（売上収益事業利益率）	(2.4％)	(−4.8％)
親会社所有者帰属当期利益	−6,447	−9,728
（資産合計税引前利益率＝ROA）	(−3.8％)	(−5.4％)
（親会社所有者帰属持分当期利益率＝ROE）	(−22.2％)	(−36.3％)

財政状態計算書（B/S）※

資産合計	248,832	263,993
資本合計（純資産）	38,889	37,810
親会社所有者帰属持分	24,958	31,442
（親会社所有者帰属持分比率）	(10.0％)	(11.9％)
一株当たり親会社所有者帰属持分（円）	250	212

キャッシュ・フロー計算書（C/S）

営業活動によるキャッシュ・フロー	26,072	3,420
投資活動によるキャッシュ・フロー	−15,348	−12,924
財務活動によるキャッシュ・フロー	−12,338	15,890
現金及び現金同等物期末残高	32,215	38,422

次期業績予想

	22年3月期	前期比増減率
売上収益	221,665	31.8％
事業利益	7,656	−
親会社所有者帰属当期利益	536	−

決算の5つのギモン

① 売上収益（運動量）は前期比672億円（28.5％）減。時短・休業の影響の大きさは？

② 最終損益（運動成果）は97億円の赤字。赤字拡大の主因となった事業とは？

③ 総資産（体の大きさ）は前期から152億円（6.1％）増。成長の中核を担う資産の正体は？

④ 自己資本比率（骨の太さ）は微増も水準は低め。借金の返済能力に問題はない？

⑤ 財務CFで159億円の資金を調達（輸血）。資金調達に用いた手段は何か？

コロナ禍による破壊的被害 最終赤字は前期から33億円拡大

　国内外で飲食・居酒屋事業を展開するコロワイド。同社は、51社で構成される外食産業グループで、レインズインターナショナル（**牛角・温野菜・土間土間・フレッシュネスバーガー**など）、カッパ・クリエイト（**かっぱ寿司**など）、アトム（**ステーキ宮**など）といった主要子会社を通じて、一般消費者にも馴染みの深い飲食店チェーンを複数展開しています。

　同社の特徴は、**積極的なM&A（→P95）で、売上と資産を急増させている**ことです。2002年に平成フードサービスを買収して以降、これまでに十数社を買収。20年には定食チェーンを営む**大戸屋ホールディングス**に対し、敵対的TOB（株式公開買い付け）を成功させ、子会社化したことも話題となりました。

　大戸屋買収の背景には、新型コロナの影響で深刻な不振に喘ぐ居酒屋事業を、定食・宅食事業で補う目算もあると報じられていますが、当期の業績はどうだったのでしょうか。

　まず売上収益をみると、当期は1682億円で、前期から672億円（28.5％）減少しています

（①）。やはり時短・休業による被害は甚大なようです。決算説明資料によると、20年４月に緊急事態宣言が発出された際は、既存店売上が前期比41％まで減少。同年10月に開始された「Go To Eatキャンペーン」で前期比91％まで盛り返しましたが、翌年１月に再び緊急事態宣言が発出されると、再度67％まで悪化しました。

　売上総利益は927億円で前期比30.9％減（②）と、売上収益よりもさらに減少幅が大きく、粗利率は55.1％まで低下（③）。一方で、販管費（④）は、人件費を21.9％も減らす（⑤）などして経費削減を実施しましたが、総利益の減少を補いきれていません。その結果、事業利益※は**81億円の赤字へと転落（⑥）**しました。

　さらに下をみていくと、その他の営業収益は、休業に伴い支払われた支援金や協力金などもあり増収（⑦）となりましたが、営業費用では前期に続き41億円の減損損失（⑧）が計上されています。これは店舗の閉鎖や、客数減少による収益力の低下に関連して計上された損失です。以上の結果、IFRSベースの営業利益は132億円の赤字（⑨）、**最終利益は97億円の赤字（⑩）**と損失が拡大しました。

損益計算書(P/L) より

（百万円）

	17年3月期	18年3月期	19年3月期	20年3月期	21年3月期	
売上収益	234,444	245,911	244,360	235,334	168,181	①
売上総利益	132,857	138,658	138,779	134,166	92,657	②
（売上総利益率）	（56.7％）	（56.4％）	（56.8％）	（57.0％）	（55.1％）	③
販売費及び一般管理費	126,051	131,464	130,280	128,535	100,804	④
人件費	60,339	63,703	64,240	63,949	49,969	⑤
事業利益	6,806	7,193	8,499	5,632	−8,146	⑥
その他の営業収益	3,201	1,523	1,647	1,507	1,745	⑦
その他の営業費用	5,895	4,475	6,064	11,745	6,762	
減損損失	3,650	3,295	4,890	10,619	4,121	⑧
（IFRS基準）営業利益	4,112	4,242	4,082	−4,606	−13,163	⑨
親会社所有者帰属当期利益	−1,398	1,170	632	−6,447	−9,728	⑩

業績悪化が際立つレインズ 大戸屋の構造改革はこれから

同社の苦境は、主要子会社のセグメント情報をみても明らかです。レインズ、カッパ、アトムの3社は、いずれも減収減益。特に、牛角などを展開するレインズの売上収益は前期比44.3％も減少しています（⑪）。これにより売上額がカッパ（⑫）と逆転したうえに、当期は**グループ最大の78億円の損失を計上（⑬）**。コロナ禍でも焼肉業界は売上を伸ばすなど比較的堅調ですが、レインズは前期から急速に業績が悪化しているのが気になります。

資産がどれだけ効率的に売上を生み出したかを示す総資産回転率（→P60）を計算すると、コロナ前の**19年3月期はレインズ1.1、カッパ1.4、アトム1.6だったのに対し、当期はレインズ0.5、カッパ1.0、アトム0.9といずれも低下**。客足が回復していないのがうかがえます。

また、20年11月に連結子会社となった大戸屋は、ほぼ半期分の業績が反映されていますが、当期は1.7億円の損失（⑭）と、前期（コロワイド買収前）に続いて赤字となりました。

買収により積み上がったのれん 減損すれば債務超過の可能性

業績不調の一方で、総資産は前期から152億円（6.1％）増（⑮）と**体は巨大化**しています。

当期は大戸屋買収に際して、市場価格に約46％のプレミアムを上乗せして株式を取得したこともあり、のれんは810億円まで上昇（⑯）。店舗設備などの有形固定資産（⑰）の倍近い規模で、**総資産の31％**を占めています。

同社の有価証券報告書には、「減損テストを実施した結果、のれんの公正価値はほとんど棄損されていない」旨が記載されています。ただ、自己資本は378億円と、のれんの半分にも満たない（⑱）一方で、短期と長期を合わせた社債及び借入金は、前期から20.2％増加して1336億円に達する（⑲）など、**外部資本に大きく依存**した財政状態であることは留意すべきです。**仮にのれんが47％以上減損されれば債務超過に陥ります。**同社は、次期は回復基調に入ることを想定していますが、業績不振が長期化すれば、減損が発生する可能性は否定できません。

主要子会社の売上とセグメント利益

（百万円）	20年3月期	21年3月期	
	売上収益		
レインズインターナショナル	104,951	58,448	⑪
カッパ・クリエイト	74,048	64,280	⑫
アトム	49,301	32,002	
大戸屋ホールディングス	–	8,805	

	20年3月期	21年3月期	
	セグメント利益		
	−3,420	−7,768	⑬
	414	−1,193	
	−1,490	−1,997	
	–	−171	⑭

財政状態計算書（B/S）より

（百万円）	20年3月期	21年3月期	
資産の部			
流動資産	51,376	61,719	
現金及び現金同等物	32,215	38,422	
非流動資産	197,456	201,757	
有形固定資産	47,820	44,339	⑰
のれん	71,795	81,028	⑯
資産合計	248,832	263,993	⑮

（百万円）	20年3月期	21年3月期	
負債の部			
短期社債及び借入金	32,619	51,686	⑲
長期社債及び借入金	78,484	81,885	
負債合計	209,943	226,182	
資本（純資産）の部			
資本合計	38,889	37,810	⑱
負債及び資本合計	248,832	263,993	

現金増加も安全性指標は低下 さらに資金調達が必要な状態

血流の状態はどうでしょう。当期最終利益は赤字となりましたが、減価償却費 ⑳ や減損損失 ㉑ など、資金流出を伴わない項目が加算された結果、営業CFはかろうじてプラスを維持しています ㉒。一方で、有形固定資産への投資に加え、大戸屋買収 ㉓ や牛角のフランチャイズ権*などの買い取り ㉔ に資金を投じたことで、投資CFは129億円のマイナス ㉕。その結果、**フリーCFも107億円のプラスから95億円のマイナス ㉖ へと大きく悪化**しました。

不足分を賄うため、同社は子会社（アトム）の株式を一部売却 ㉗ したほか、新株発行や追加借入を実施。財務CFは159億円のプラス ㉘ となり、残高は62億円積み増しました ㉙。

自己資本比率は11.9％と前期から若干増加しましたが、財務安全性は低い水準です。流動比率（→P74）は59.4％と、前期に続き100％を下回っており余裕がありません。ネットD/Eレシオ（→P72）は3.6倍で前期（3.1倍）から悪化。純有利子負債額は営業CFの39.5倍にも上り、**債務返済能力は極めて低い状態です**。

また短期有利子負債をみると、1年以内に返済が必要な社債と借入金が計517億円ある一方で、次期の予想当期利益（グループ全体）は24億円。これに当期並みの減価償却費を足し戻しても250億円程度にしかならず、自力では返済が困難なことがわかります。今後は追加借入か、新株発行による資金調達が必要です。

キャッシュ・フロー計算書（C/S）より

（百万円）

	18年3月期	19年3月期	20年3月期	21年3月期	
営業活動によるキャッシュ・フロー	16,658	15,971	26,072	3,420	㉒
減価償却費及び償却費	10,874	10,434	25,950	22,592	⑳
減損損失	3,295	4,890	10,619	4,121	㉑
投資活動によるキャッシュ・フロー	−5,281	−7,457	−15,348	−12,924	㉕
連結子会社の取得による支出	−	−	−	−4,369	㉓
営業譲受による支出	−	−	−2,589	−3,009	㉔
フリー・キャッシュ・フロー（営業CF＋投資CF）	11,377	8,514	10,724	−9,504	㉖
財務活動によるキャッシュ・フロー	−11,390	−9,496	−12,338	15,890	㉘
子会社株式売却による収入	−	−	−	16,712	㉗
現金及び現金同等物の期末残高	34,605	33,854	32,215	38,422	㉙

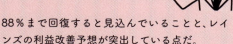

投資家はココに注目！

コロナ禍を乗り越えて業績を回復できるか

コロワイドは、22年3月期の業績予想として、売上収益は前期比31.8％増、事業利益は158億円回復し、77億円の黒字になると見込んでいる。これが実現すれば、粗利率は57.2％、販管費比率は53.8％と、ともにコロナ前の水準に戻ることになる。ただ気になるのは、新型コロナの影響がほぼなかった20年3月期と比べ、通期で売上が88％まで回復すると見込んでいることと、レインズの利益改善予想が突出している点だ。

また、懸念されていた資金調達であるが、21年8月に最大1159万株の新株発行を発表した。これは発行済み株式数の約15％と大きく、それだけ一株当たり利益（EPS）を棄損してしまう。実際に、発表後の3日間で株価は約15％下落した。

※ レインズは、外食フランチャイズ店舗を運営するアスラポート社より、一部地域の牛角エリアフランチャイズ事業及び直営店舗を56億円で取得。その費用の一部が計上されている

INDEX

［英字］

ＢＰＳ (Book-value Per Share)		68
Ｂ／Ｓ (Balance Sheet)		16・32
ＣＣＣ (Cash Conversion Cycle)		82
Ｃ／Ｓ (Cash Flow Statement)		18・40
ＥＰＳ (Earnings Per Share)		68・103
ＦＶＴＰＬ (Fair Value Through Profit or Loss)		115
ＩＦＲＳ (International Financial Reporting Standards)		84・96
Ｍ＆Ａ (Merger and Acquisition)		95
ＰＢＲ (Price Book-value Ratio)		68
ＰＥＲ (Price Earnings Ratio)		68・103
Ｐ／Ｌ (Profit and Loss Statement)		14・24
ＲＯＡ (Return on Assets)		58
ＲＯＥ (Return on Equity)		62

［あ行］

粗利	27
粗利率	53・54
安全性	20・71
インタレスト・カバレッジ・レシオ	76
受取手形	36
受取配当金	30
受取利息	30
売上	15
売上原価	27
売上債権	36
売上債権回転期間	82
売上総利益	27
売上総利益率	54
売上高	27
売上高増加率	88
売上高利益率	52
売掛金	36
運転資金	80
営業外収益	30
営業外費用	30
営業活動	40
営業キャッシュ・フロー(営業ＣＦ)	43
営業利益	28
営業利益率	55

［か行］

買掛金	38
外部要因	87
合併	95
株価収益率	68・103
株価純資産倍率	68
株式会社	63
株主	13・63
株主資本	39
株主資本等変動計算書	21
為替差益	30
為替差損	30
間接費	29
関連会社	22
期首	11
期末	11
キャッシュ・コンバージョン・サイクル	82

（右列）

キャッシュ・フロー計算書	18・40
金融収益	77
金融収益・費用	84
黒字倒産	81
経常利益	30
経常利益率	56
決算	11
決算期	11
決算書	11
決算短信	13
月商	83
減価償却費	28
原価率	54
研究開発費(Ｒ＆Ｄ費)	28
現金	36
現金主義	43
現金循環化日数	82
広告宣伝費	28
子会社	22
国際財務報告基準(国際会計基準)	84・96
固定資産	37
固定資産除却損	31
固定資産売却益	31
固定長期適合率	74
固定費	67
固定比率	74
固定負債	38

［さ行］

災害損失	31
債権者	12
在庫	36
財産	17
財政状態計算書	96
財務活動	40
財務キャッシュ・フロー(財務ＣＦ)	45
財務三表	15
財務諸表	15
債務償還年数	76
債務超過	73
債務不履行	71
仕入債務	38
仕入債務回転期間	82
時価	68
時価総額	68
事業整理損失	31
資金繰り	71
時系列分析	51
自己資本	35
自己資本比率	72
自己資本利益率	62
資産	17・35
資産の部	35
自社株買い	45・115
持続可能成長率	94
実現益	114
実数分析	51
支払手形	38

支払利息	30
四半期決算	11
資本金	39
資本剰余金	39
社債	38
収益	84
収益性	20・53
出資者	12
純資産	17・35
純資産の部	35
純有利子負債	72・76
純有利子負債比率	73
償還日	38
消耗品費	28
人件費	28
ステークホルダー	12
成長性	20・87
成長ドライバー	87
税引前当期純利益	31
総資産回転率	60
総資産利益率	58
総資本	72
その他の営業収益・費用	84
その他の資産	36
損益計算書	14・24
損益分岐点	67
損害賠償損失	31

〔た行〕

貸借対照表	16・32
他社比較分析	51
棚卸資産	36
棚卸資産回転期間	82
他人資本	35
短期貸付金	36
短期借入金	38
地代家賃	28
地方税	31
中間決算	11
長期借入金	38
直接費	29
通信費	28
手元流動性比率	83
当期純利益	31
当期純利益率	56
当座資産	36
倒産	71
投資活動	40
投資キャッシュ・フロー（投資ＣＦ）	44
投資その他の資産	37
投資有価証券	37
投資有価証券売却益	31
投資有価証券売却損	31
特別損失	31
特別利益	31

〔な行〕

内部要因	87

内部留保	39
ネットD/Eレシオ	72
のれん	37・96

〔は行〕

買収	95
配当金	31
配当性向	31
発生主義	19
販管費	28
販売費及び一般管理費	28
引当金	38
非支配株主持分	39
一株当たり純資産	68
一株当たり利益	68・103
費用	15
評価・換算差額等	39
比率分析	51
非流動資産	96
非流動負債	96
付加価値	54
負債	17・35
負債の部	35
フリー・キャッシュ・フロー（フリーCF）	78
変動費	67
包括利益	84
包括利益計算書	21
法人税	31
簿価	68
本決算	11

〔ま行〕

未実現評価損益	114
無機的成長	94
無形固定資産	37
元手	17

〔や行〕

有価証券報告書	13
有機的成長	94
有形固定資産	37
ユニコーン企業	114
預金	36

〔ら行〕

リース料	28
利益	15
利益剰余金	39
利害関係者	12
利息	30
流動資産	36
流動比率	74
流動負債	38
レバレッジ	64
連結決算	22
連結子会社	22

AUTHOR

佐伯良隆（さえき よしたか）

早稲田大学政治経済学部卒。ハーバード大学経営大学院修了（MBA）。日本開発銀行（現日本政策投資銀行）にて企業向け融資業務に携わるほか、財務研修の企画および講師を務める。その後、米国投資顧問会社であるアライアンス・バーンスタインで株式投資のファンドマネジャーを務めるなど、金融の最前線で活躍。現在は、グロービス経営大学院教授（ファイナンス）。また、企業の財務アドバイザーを務めている。さらに、自身の英語スキルと経験を生かし、吉祥寺英語塾を主宰。主に中高生を対象とした実践的な英語教育に取り組んでいる。

100分でわかる！決算書「分析」超入門 2022

2021年10月30日 第1刷発行

著　者　佐伯良隆
発行者　三宮博信
発行所　朝日新聞出版
　　　　〒104-8011 東京都中央区築地5-3-2
　　　　電話 03-5541-8832（編集）
　　　　　　 03-5540-7793（販売）
印刷製本　共同印刷株式会社

©2021 Saeki Yoshitaka, Published in Japan by Asahi Shimbun Publications Inc.
ISBN978-4-02-251787-6
定価はカバーに表示してあります

落丁・乱丁の場合は弊社業務部（電話03-5540-7800）へご連絡ください。
送料弊社負担にてお取り替えいたします。